Nathan Katz

Annele Balthasar

Nathan Katz

Annele Balthasar

A Play in Four Acts
Ein Stück in Vier Akte
Stick in vier Akte

Translated into English and German from the original Alemannic by Anne-Marie de Grazia with the original version in Alemannic (Alsatian)

Centennial Edition
1924 – 2024

Metron Publications

ISBN: 978-1-60377-101-6
LCCN: 2024943846
STILLWATER, Oklahoma, 74047 USA
metronpublicationsok@gmail.com
This play has been published in France in 2018 in the original Alemannic-Alsatian by Editions Arfuyen who hold the copyright of the original with All rights reserved.

TABLE OF CONTENTS

Foreword *by Anne-Marie de Grazia*	11
ANNELE BALTHASAR in English	34
Vorwort *von Anne-Marie de Grazia*	105
ANNELE BALTHASAR auf Deutsch	128
S'ANNELE BALTHASAR üf Alemannisch	199
TRANSLATOR'S ACKNOWLEDGEMENTS	259

Nathan Katz

Annele Balthasar
A Play in Four Acts

Translated into English from the
original Alemannic by Anne-Marie de Grazia

2024
Metron Publications

ISBN: 978-1-60377-101-6
LCCN: 2024943846
English translation © Anne-Marie de Grazia, 2022, 2023, 2024
STILLWATER, OK 74047
PRINCETON NJ 08540
metronpublicationsok@gmail.com

Foreword

Annele Balthasar, first performed in 1924, is a drama by the French-Alsatian poet Nathan Katz (1892-1981), set in Alsace in 1589 and factually based on a witch-trial which took place in Altkirch. It is written in the poet's Alemannic-Alsatian language.
Nathan Katz, considered "the most original Alsatian poet since the Middle-Ages,"[1] was born on Christmas Eve 1892 in the village of Waldighofen (population then: ca 750 inh.) in the Sundgau, the Southern tip of Alsace, near the Swiss border, the son of kosher butcher Jakob Katz and Jenny Schmoll, a seamstress and daughter of a cloth-merchant. In the wake of the disastrous French defeat in the Franco-Prussian war of 1870, Alsace had become part of the German Empire. Katz grew up speaking Alsatian, the ancient language of Alsace, which is a form of Alemannic.[2] He studied at the village primary school, where the teaching language was German, he was taught French by his mother, took in Catholic catechism together with his classmates and walked every week to the neighboring village

---

[1] Victor Hell, *Nathan Katz: Itinéraire d'un poète alsacien,* Editions Alsatia, 1978.
[2] Alemannic is a continuum of German dialects which constitute the native language in over 2/3 of Switzerland, most of Southwest Germany, Alsace in France, Liechtenstein and Eastern Austria (also in some villages in Lorraine and in Italy, as well in the Amish settlements of the United States and localities in Texas and Venezuela). It has some 6.5 million speakers and a considerable (mostly ancient – medieval and Renaissance) literature. It deviates from standard German (Hochdeutsch) which is used in writing and, at least in Germany, orally in formal contexts throughout the Alemannic-speaking regions (with the exception of Alsace, where French is used instead). The percentage of Alsatian speakers in Alsace has plummeted from 80% in 1930 to ca 15% in 1980. It is now the object of conservation efforts and taught in many schools.

of Durmenach, nicknamed the "Little Jerusalem of the Sundgau," to follow the orthodox rites at the synagogue with his parents, or the teachings of the rabbis there.[3]

Like all German boys of his generation, he became entranced with Buffalo Bill and with the "Indian" novels of Karl May, available for pennies at the village store, until the Catholic priest condemned these from the pulpit as "literary trash" (it is said, on the behest of Nathan's mother). Whereupon the storeowner replaced them with a stack of dramas by the German Enlightenment poet Friedrich Schiller (1759-1805), champion of freedom and universal brotherhood,[4] and little Nathan devoured these instead. Says Katz: "And so the first books landed between my hands and would kindle in my heart an intoxication with beauty. The reading of which was to be for me a feast, even though I was not yet able to understand all that they contained."

Retail meat was sold at the time wrapped in newspaper, with which the family butcher shop was regularly supplied by a ragpicker working in nearby Basel, Switzerland, a cultural metropolis and university city. Nathan took to cutting out the literary articles and salvage the literary magazines, German or French, for his own consumption. Through them, he acquainted himself early with the likes of Rainer Maria Rilke, Charles Péguy,

---

[3] When the French Revolution emancipated the Jews in 1791, more than half of French Jews were Alsatians. During the days of the "other" French revolution of February 1848, there occurred in Durmenach the last pogrom on French soil. It was bloodless, but over 60 Jewish homes and businesses were damaged and looted and partly torched. It gave the signal to a first wave of exodus in direction of the United States, mainly to Chicago and Philadelphia. The last Jew in Durmenach died in 1987. For more on Judaism in Alsace, and specifically in Durmenach, visit the remarkable website (in French): http://www.judaisme-alsalor.fr/synagog/hautrhin/a-f/durmenac.htm

[4] Universally known as the author of the *Hymn to Joy* of the 4th movement of Beethoven's Ninth.

Rabindranath Tagore and Frédéric Mistral. At school, he had been introduced to Alemannic poetry through its foremost poet, Basel-born Johann Peter Hebel (1760-1826) – praised to heaven by the likes of Goethe, Tolstoi and, soon, by Kafka, Walter Benjamin, Ernst Bloch and Heidegger.[5] A travelling salesman had made Nathan a present of a book of Hebel's poetry, a fateful gift which was to accompany him through his whole life.

Nathan Katz finished schooling at 14 and started working as an office apprentice at the local textile plant of Lang and Bloch. His buddy Alfons Becheln, of the neighboring village of Riespach, moved on to study at the teachers' school at nearby Altkirch, and would share with Nathan his text-books of world literature, through which they would acquaint themselves with the Greeks: Sophocles, Plato, Aristophanes; with the Western classics: Shakespeare, Racine, Goethe, Hölderlin, Heine, Baudelaire, Byron, as well as with Oriental poetry: Hafiz, Kalidasa, La Tai'-Po, Tu Fu. The latter were to exert an undeniable influence on Katz's predominantly short-form, impressionistic poetry. The youths deepened their knowledge of literature thanks to the affordable little editions of the Philipp Reclam Verlag which Nathan, being the one with a job and an income, was able to purchase.

As a German subject, Nathan Katz was drafted into the German Army in 1913 and mobilized right from the first days of WW1 against France, the country of which most of the parents of the young recruits had been born as citizens. Katz was gravely wounded at Saarburg in the third week of the war, in danger of

---

[5] Hebel, a Lutheran pastor and a professor of Hebrew and Greek, was anything but a clodhopper, but became famous through his uniquely agrestic, yet sharp and wide-sweeping poetry as well as for his almanach, *Der Rheinländische Hausfreund,* which launched the genre of the pointed, very short-short story, often of subversive morality. Goethe in person translated into Hochdeutsch some of his poetry. Gottfried Keller placed him "somewhere in the vicinity of Homer." His fame in German-speaking countries has never abatted.

losing an arm. He was saved from paralysis by a prominent surgeon at the university of Tübingen, who befriended him and ordered him to Red Cross service for three months in Freiburg-im-Breisgau, where Katz seized the opportunity to study Alemannic literature as a free auditor at the university, his only stint of academic learning.

Nathan Katz was re-mobilized and in March 1915, together with the 150. Regiment of Prussian infantry, he was sent to the Russian front. He was taken prisoner two months later and interned for fourteen months at a prisoners of war camp near Nijni-Novgorod. His conditions of detention were mild enough to enable him to write his first book, in German verse and prose, *Das Galgenstüblein* ("The Little Chamber with a View onto the Gallows" – subtitle: "a struggle for life's joy"), celebrating his own awakening pacifist credo, intimately associating aesthetic emotion with a fervent commitment to peace and a striving for "Weltbürgertum," this concept of a humanity-citizenship which Friedrich Schiller had attuned him to. The *Galgenstüblein* is "...a confession like no other, which silently, at a dove's pace, is gaining its place in the field of the world's spiritual literature, a century after it first came out."[6] It would be published in Mulhouse in 1920[7] and promptly translated into Russian and Armenian.

Nathan Katz was released, together with 1500 other prisoners of war, most of them Alsatians and Lorrains, and repatriated to France via Archangelsk in August 1916. Upon arrival, he was interned in a camp at Saint-Rambert-sur-Loire as an enemy (German) soldier and put to work as a slave laborer at La Chasselière, a factory of military equipment in Saint-Etienne, which was a good turn considering that he might have been sent

---

[6] Jean-Paul Sorg, Préface: *La Petite Chambre qui donnait sur la Potence*, translated from the German by Jean-Louis Spieser, Arfuyen, 2020.

[7] *Das Galgenstüblein: ein Kampf um die Lebensfreude*, Strasbourg-Mulhouse, Edition de La Littérature Populaire, 1920.

into the slaughtering fields at the front. Less justifiable was his later being moved to Lourdes, for an additional 18 months of detention, to a "camp d'internement et de concentration" – this was the official designation – destined for Alsatian men, women and children suspected to be of doubtful loyalty. Nathan Katz was freed to return to his home village of Waldighofen in September 1919, after four years of detention, almost three of them in France. His friend Alfons Becheln, the schoolteacher, had been killed in battle in 1915, under German uniform, at Mittelkerke, near Ostend, on the coast of Belgium.[8]

Katz took up work at the family butcher shop, visiting the farms of the Sundgau to purchase livestock, deepening his relationship with the local peasantry. He seems at that time to have had a profound involvement with a local peasant girl, thwarted by families, probably on both sides, because of his Jewishness. It was to inspire his life-long love lyric, and the deep heartbreak which ensued, forever bound up with the wounds left by malevolence and gossip, likely triggered the creative jolt which brought forth his drama about the witch hunts and innocence destroyed, *'S Annele Balthasar*. It was produced in 1924 by the Alsatian Theater of Mulhouse.

It was followed there, in 1930, by a comedy-fairytale, *D'Ardwibele* ("The Little Earthwives"), the first opera in Alsatian, the première of which is remembered as a "triumph." Its composer was one unknown Léon Justin Kauffmann (1901-1944), born in the Sundgovian village of Dannemarie as the son of the local church organist. Fourteen years later, when Leo Justinus Kauffmann lost his life in an Allied bombing which obliterated the Strasbourg music conservatory where he was teaching composition, he was reputed as one of the most

---

[8] As communicated to me during my visit at Fréland in 2023 by my graceful host Jean-Louis Spieser, who discovered a moving poetic eulogy to Alfons Becheln in Katz' archive. Jean-Louis recited the poem to its dedicatee at the military cemetery at Mittelkerke.

significant composers of the musical avant-garde in Europe.[9] The score of *D'Ardwibele* was long thought to have been destroyed in the same event.

From 1919, Katz took up a job as a travelling salesman in textiles for Lang and Bloch, which brought him across the Rhine to Baden, Germany, to the city of Lörrach, where he entered a

---

[9] I was stunned to discover that on 29 September 2023, a 600 page biographical and musicological study dedicated to Kaufmann's life and work was published by Tectum Verlag: Musikwissenschaft: Robert Gervasi: *Ein Grenzlandschicksal: Leben und Werk des elsässischen Komponisten Leo Justinus Kauffmann (1901–1944)*. The gifted son of the church organist was able to stand-in for his father by age 8. He studied at the music conservatories of Strasbourg and Cologne. He worked in Mulhouse as a chorus director and organist and this would have been the time when he composed the *Ardwibele*. He was not able to make a living in Alsace in the context of the economic crisis of the 1920s and returned to Cologne with his new, Basel-born wife, Gabrielle Lesser, and became a piano teacher at the Rheinische Musikschule. His first compositions *Lieder des Todes* and *Alemannische Suite,* met with considerable success at the 1933 ISCM (International Society for Contemporary Music) Festival at Amsterdam. He was dismissed from his job when the Nazis came to power, not only because of the excessive boldness of his atonality, but because his wife was Jewish, and also because he belonged to the Catholic Laic Movement, which was hostile to the nazi ideology. He found work through friends and survived composing a large amount of "light," entertainment, songs and popular music for Radio Cologne, including new forms like radio-operettas. He also accumulated a considerable oeuvre in chamber-music, including three Lieder on poems by Nathan Katz. The powerful director of the Strasbourg conservatory of music, Fritz Münch (brother of Charles, the conductor), brought him to Strasbourg as a teacher of composition in 1940. His opera *Die Geschichte vom schönen Annerl* premiered in 1943 and became an international success. It was followed in 1944 by the even more successful *Das Perlenhemd,* which Philipp Jarnach considered "a musical jewel and in the same time the model for a new, effective stile of chamber opera." Then the bombs hit… Hans Rosbaud, a.o. continued to promote him after his death. Kauffmann had remained a French citizen, yet he is as of today quasi-unknown in France and in Alsace. Besides him, the small Sundgau town of Dannemarie (ca 2000 inh.) was also the birthplace of radical feminist icon Monique Wittig (1935-2003).

friendship with the then leading Alemannic poet, Hermann Burte, who was also a painter and a bestselling, "cult" German novelist. Actually, Katz had been introduced to Burte by Burte's brother, the painter Adolf Strübe, who had become a friend of his parents.[10] Hermann Burte saw himself as a Nietzschean and one of the intellectual leaders of the *Völkisch* movement, a popular form of a sultry, mystical, aesthetizing German nationalism going back to the middle of the 19th century,[11] racist at the core. Its political ideology included "a spiritual resistance to the evils of industrialization and the atomization of modern man."[12] As a painter, Hermann Burte treated mainly the idyllic Baden and Black Forest landscapes, but also the damage inflicted on them by industrialisation.[13]

---

[10] Adolf Strübe (1881-1973) had been stationed as a soldier in Waldighofen during WWI and had befriendet Katz' parents. He was then already a recognized modernist painter and sculptor exhibited at the most prestigious galleries in Berlin. He headed the artistic movement known as the "Badische Secession." His aesthetics put him on a frontal collision course with the tenets of National-Socialism and in 1934 he took the direction of the "Berliner Secession," in order to resist Nazi ideology in the arts. As part of the action against "Degenerate Art," his painting *Rote Brücke* was confiscated by the Nazis from the Freiburg Museum of Art and destroyed. Almost his whole life's work was lost in the destruction of his atelier during the bombings of Berlin. There remain by him frescoes, stained-glass windows, large animal sculptures still to be seen in Berlin and Basel. After the war, he calmly pursued his career, painting, now mostly in aquarelle, and teaching.

[11] According to historian Nicholas Goodrich-Clarke, *Völkisch* denoted the "national collectivity inspired by a common creative energy, feelings and sense of individuality. These metaphysical qualities were supposed to define the unique cultural essence of the German people." *The Occult Roots of Nazism: Secret Aryan Cults and Their Influence on Nazi Ideology* (1985) New York University Press.

[12] Sounds like Heidegger? The philosopher was no foreigner to Völkisch ideology:
https://www.academia.edu/8163404/Heideggers_Volkisch_Ontology

[13] Today, the brothers Adolf Strübe and Hermann Burte fetch similar prices on the art-market – in the low to middle four digits.

Burte immediately recognized Nathan Katz's authencity and poetic gift and was instrumental in directing him towards writing in Alemannic rather than in German.[14] Burte even found customers for Nathan Katz' textiles in his neighborhood, to make sure that he would visit regularly. He would take Katz out to dine *Zum Hirschen* and they would tour the cellars of the Baden wineries. Burte became his mentor in Germany, using his considerable influence as a bestselling author to promote him: "Nathan Katz is the name of the poet and he is one... whether he tells in poignant verses of the haunting figure of war devastating his beloved native lands, or celebrates the geraniums before a girl's sparkling window, he is at all times the humble but wide-awake interpreter of authentic emotions, he feels in unisson with the people and has the power to radiate warmth and joy." He has learned from many, adds Burte, "but his own tune is clear and pure."[15]

The friendship lasted a decade. Hermann Burte espoused National-Socialism with a fatal enthusiasm and his repressed antisemistism caught up with him. The break occurred in 1930, when Burte intimated to Katz that he no longer wished to meet with him. This happened, according to Katz, after he, Katz, had insisted "on his right of having a Jewish vision of things." He stood up and left, Burte ran after him and apologized but they would not meet again, as far as we know.[16] It would not be the end of their relationship, though.

---

[14] Raymond Matzen: „Der Markgräfler Hermann Burte und der Sundgauer Nathan Katz." In: *Das Markgräfler-Land,* Band 2/1999, published by Geschichstverein Markgräflerland e.V. Schopfheim.

[15] *Der Markgräfler,* 20 July 1930; *Karlsruher Tagblatt,* 24 July 1930.

[16] Raymond Matzen (see above). Matzen (1922-2014), a professor at the university of Strasbourg and himself an Alemannic poet, as well as an editor of Katz, was befriendet with both, but the story of the break-up was told him by a third party, Alfred Ruppé, and sounds a bit too cautious: „*Es entstand ein Dialog, vor allem über Weltanschaung, in dem Nathan Katz sein Recht als Jude verteidigte – kein böser Dialog, eher ein gewisser Meinungsaustausch.*

In Alsace, Nathan Katz, ever a congenial man, intensively cultivated the local artistic scene, as is apparent from his writing *'S Annele Balthasar*, as well as *The Little Earthwives*, for his friends of the largely amateur Alsatian Theater of Mulhouse. From 1923 to 1926, Katz was part of an intellectually stimulating avant-garde group of Alsatian and Parisian artists and poets whom a young industrialist of Altkirch, René Jourdain, gathered at the family mansion, "Le Château." It comprised a.o. the French-Alsatian expressionist painters Robert Breitwieser and Arthur Schachenmann and the engraver André Jacquemin, the surrealist poet Maxime Alexandre and, introduced by Katz, the budding adolescent poet Eugene Guillevic, as well as the painter and sculptor Jeanne Bergson, the philosopher's daughter, and the pastor Frédéric Hoffet who would write a useful *Psychoanalysis of Alsace*.[17]

Eugène Guillevic (1907-1997), soon to become one of the foremost French surrealist poets, was a born Breton and the son of a *gendarme* stationed at Ferrette, in the Sundgau. He was barely 15 and a student at the Altkirch teachers' college when he met Nathan Katz on the little local train circulating between Altkirch and Ferrette, which he took daily. He fell easily under Katz' thrall and always credited him for having awakened him to his poetic call. "I knew that he was a real poet, a big one," Guillevic remembered.[18] "He recited his poems to me. He came to see me in Ferrette. I spent days with him at Waldighofen, and once I spent Yom Kippur (the Jewish 'long day') with him, with the Jews at Durmenach. It was mostly aboard the train that we

---

Nathan ging. Nach einigen Schritten draußen, rief Burte Nathan Katz zu, anzuhalten, ging ihm entgegen und sagte reumütig und freundschaftlich: ‚Lieber Freund, die Freundschaft soll weiter bestehen! Er könne kommen, wann er wolle.'"

[17] Frédéric Hoffet: *Psychanalyse de l'Alsace*, éditions Alsatia, (1951). Many reeditions.
[18] Letter to Victor Hell, December 27, 1976.

spoke. Katz went to Mulhouse often. He told me a lot about recent German poetry (Dehmel, Rilke...) and also about Rosa Luxemburg and Karl Liebknecht, whom he admired. He was in sum my first listener-reader and adviser... He is one of the most beautiful figures I have known – and I have known so many people since, among them the most famous poets of our times..." Theirs was to be a lifelong friendship. Guillevic learned Alsatian in order to be able to read Katz's poems.

Katz played the same role of the "awakener" to the even younger Jean-Paul de Dadelsen (1913-1957),[19] "the first Alsatian poet in the French language." De Dadelsen also was a student at the Altkirch teachers' school. Katz encouraged him to write poetry in French.[20] The son of a Sundgau sollicitor, he met him „...at friends in Hirsingue..." tells Katz. „He was young, tall, slender... a beautiful fellow. We talked about literature. I still have him before my eyes. His eyes beamed in healthy, youthful enthusiasm... From that day, he came to visit me in Waldighofen often, when I was back on vacation from some long trip. He would come two or three times a week and would spend the evening with us. He covered the six kilometers between Hirsingue and Waldighofen on his bicycle and would ride back home around 10 pm. He came even in bad weather, by rain and wind. Without a foulard or muffler, his shirt-collar wide open..."[21]

---

[19] De Dadelsen became a decorated officer in WWII, a member of the Free French Forces around Charles de Gaulle in London, a journalist at Albert Camus' *Combat* who published his first poems, and a correspondant of the BBC. He became a fervent advocate of the European Union and was a close collaborator of Denis de Rougemont and assistant to Jean Monnet. He died at age 46 of brain cancer. His work: *Jonas*, éditions Gallimard, 1962, 1986, 2005; *Goethe en Alsace*, 1982, 1995; *La Beauté de Vivre, Poèmes et lettres à l'oncle Eric*, éditions Arfuyen, 2013.

[20] *See* Hell

[21] Baptiste-Marey: « Katz et Dadelsen, deux poètes et le Sundgau. Témoignage à plusieurs voix, » in: *Altkirch et le Sundgau, Bulletin de la Société Industrielle de Mulhouse*, # 794, 1984.

De Dadelsen and Guillevic both translated poems by Nathan Katz into French.

Nathan Katz was then working as a travelling salesman for the Swiss metalworking firm Dideros and, from 1926, for the Société Alsacienne de Construction Mécanique (SACM) which had its headquarters in Mulhouse. He was touring Europe (Germany, Austria, Czechoslovakia, the Netherlands) selling textile machinerie.[22]

Katz perfected his French, taught himself English, and even Provençal in order to read Frédéric Mistral in the original. He became impassioned with the poetry of the Scotsman Robert Burns,[23] whose dedication to freedom, embracing zeal for humanity and scorn for all particularisms brought him close to Friedrich Schiller – and also to Johann Peter Hebel. Besides Burns and Mistral, Katz translated into Alsatian poems by Shakespeare, Edgar Allan Poe, Browning, Kipling, Jean Maragall, Sandor Petöfi... in order to prove that "the king-poets of the world could have expressed the same things just as well in image-rich, tuneful Sundgovian."

In 1930, which was also the year of the *Little Earthwives* and of his breakup with Burte, appeared his first collection of poems in Alsatian. His voice was heard, in the Alemannic world and beyond. Karl Walter announced, in the *Basler Nationale Zeitung:* "In him, Alsace possesses its purest lyrical poet in dialect." [24]

„...What is so special about Nathan Katz is this: that he is able to

---

[22] SACM also made locomotives, printing equipment, firearms, diesel engines, cranes... It spawned Alsthom and Alcatel. It built the first French nuclear reactor at Marcoule, as well as the Israeli one at Dimona.

[23] *See* Hell

[24] K. Walter, *National-Zeitung Basel,* 22 Juni 1930; *Elsass-Lothringische Mitteilungen,* 22 Juni 1930. Siehe auch: *Weltstimmen,* Heft 9, September 1930, Stuttgart; Heinrich Zerkaulen in: *Kölnische Volkszeitung,* 7 November 1930; *Elsass-Lothringische Mitteilungen,* N 25, 22 Juni 1930, Berlin-Freiburg-im-Breisgau; *ibidem,* n 5014 Dezember 1930, 12. Jahrgang; *Heimatstimmen,* Berlin, 20. Juni, 1930 (S. 420); 20. November 1930 (S. 652).

carry over his human stance into his dialectal poetry... with [the latter] yet remaining the pure artistic expression of the spiritual and emotional world of his fellow Sundgovians."[25] For the *Elsass-Lothringischen Jahrbuch* of the university of Francfurt, his poems "belong to the best which the Alemannic poetic spirit has hitherto brought forth... This new work needs not fear critics. It will stand up to any objective judgement."[26]

When the economic crisis of 1929 hit, Katz lost his job as most of his clients went bankrupt. His friend Henri Solveen, a Strasbourg illustrator and publisher, put him in touch with Adolphe Ancel, a friend of the arts and heir to a more crisis-resilient firm of bakery and dessert products, under licence of the German company "Dr Oetker". Katz was hired as one of twenty travelling salesmen, plying mainly Southern France and North Afrika, but also Switzerland and the Netherlands in months-long tours, gathering some three thousand new clients over less than a decade. So engaging a personality was the poet that clients sent letters of protest to the company when he was taken off their route and Ancel had to furnish explanations and apologies.

Writing aboard trains and boats, in hotel rooms, on the corners of café-tables, Katz slowly accumulated a new treasure of Alsatian poems, doggedly pursuing his Sundgovian themes of life and death, earth and love, war and wonder.

Three books are said to have accompanied him everywhere on his journeys: the *Sermons* of Buddha, Goethe's *Faust* and Ernest

---

[25] K. Walter, *National-Zeitung Basel,* 22 Juni 1930; *Elsass-Lothringische Mitteilungen,* 22 Juni 1930. Siehe auch: *Weltstimmen,* Heft 9, September 1930, Stuttgart; Heinrich Zerkaulen in: *Kölnische Volkszeitung,* 7 November 1930; *Elsass-Lothringische Mitteilungen,* N 25, 22 Juni 1930, Berlin-Freiburg-im-Breisgau; *ibidem,* n 5014 Dezember 1930, 12. Jahrgang; *Heimatstimmen,* Berlin, 20. Juni, 1930 (S. 420); 20. November 1930 (S. 652).

[26] *Elsass-Lothringisches Jahrbuch,* 10. Band, 1931, herausgegeben vom Wissenschaftlichen Institut der Elsass-Lothringer im Reich an der Universität Frankfurt a/Main.

Renan's *Vie de Jésus*. "There he discovered, as a Jew," says Raymond Matzen, "romantic pantheism, oriental serenity and the Christian love of neighbor." Although 'discovered' may be stretching it: for it had all accrued to him manifold by the time his buddy Alfons Bechlen had made him acquainted with his textbooks of world poetry. "The philosophic and cultural values which he had been absorbing since childhood," according to Matzen, he "was now ready to express in Alsatian with all the creative powers of a mature world citizen." "The regional was not to exist on cost of the universal: indeed, he succeeded in weaving his human stance and experience into his dialect poetry without distorting either its emotional world, nor his own artistic expression."

The outbreak of WWII found Nathan Katz by chance in Périgueux, where he reported for French military duty right on the first day and was mobilized again. He was sent to Philippeville, Algeria (21st C.O.A.). He was by now nearing 50 and was sent back "to his homestead" in 1940, except that he could no longer go there, because Alsace had been invaded by Hitler and *de facto* annexed to the Third Reich, and entrance to the territory was pointedly forbidden to Jews. Nathan Katz then rejoined Limoges, in the free French zone (a.k.a. "République de Vichy"), where Adolphe Ancel was in the process of relocating his factory. Ancel, a victim of poison gas in WWI, of which he had never fully recovered psychically and physically, committed suicide, probably under the strain. Ancel had been Katz' protector and friend. After his death, Katz was roundly dismissed in accordance with Vichy "laws" on grounds of his Jewishness. His passport was stamped "JUIF" by the Vichy authorities, which rendered him unemployable and condemned him, at best, to a life in hiding and poverty, if not to extermination in a death camp. Fleeing Alsace, his sister had joined him. The siblings, whose parents had both died shortly before the war, had been dispossessed of their family home in

Waldighofen, which had been turned into a meeting center for the Hitler Youth.

In what can only have been a moment of insanity, Nathan Katz then committed a grievous faux-pas, explainable maybe by his naïveté as to what German intentions were regarding the Jews - he was not alone in this -, or his despair at the prospect of being cut off from his native soil and language, or by a general disconnection with reality, and by outrage over his having been spoliated of his family property and means of living.

Hermann Burte, now at the height of his influence, had discreetly enquired about Katz's situation through the intermission of a painter, Lucien Bienaepfel (an unusual move at the time, which must be counted to his honor). In response, Katz imprudently sent him a lengthy letter which could well have been his undoing. He asked Burte for his protection, poking heavily on their common "Alemannity," asking him to intervene so that he may obtain permission to return to Alsace and "enjoy his unrestricted native rights in his native country." He even asked him to intervene with the Nazi gauleiter Robert Wagner in Strasbourg to have his house and properties restituted to him. Burte never replied to Katz, which was the best he could do, as any initiative on his part would have landed Katz under the scrutiny of the Gestapo.[27] In October of 1940, Gauleiter Wagner had 20,000 Alsatian Jews deported to the Free French Zone. Almost all of them were interned by Vichy at the concentration camp of Gurs in the Pyrénées, many were later transferred to Drancy and most of these finished at Auschwitz and other camps.[28] Robert Wagner also had had some 100,000 Alsatians or residents of Alsace banished.

Katz spent the next four years in hiding and in poverty in Limoges, but he and his sister survived undiscovered. In

---

[27] Raymond Matzen (see above).
[28] There were only some 800 survivors.

Limoges, he met the young poet Georges Emmanuel Clancier, who reminisced about their repeating to each other "the words of Patrice de la Tour du Pin: 'all the countries who no longer have legends will be condemned to die of cold.' Was it in order for us to forget the mortal cold which weighed upon France? Nathan Katz and I exchanged legends from our provinces."[29]

Katz also had the occasion to meet the poet Paul Valéry, come to give a lecture. In front of the conference venue, Katz told Yolande Siebert, "German troops were parading. The sound of their boots and their drums at times covered Valéry's voice. When the parade was over, Valéry stood up and, solemnly, declaimed verses of Racine and the crowd broke out into an ovation." "It always seemed to me," says Yolande Siebert, "when listening to Katz's somewhat passionate recollection of this scene, that he saw in it the apotheosis of poetry, the triumph of the spirit over the forces of ignorance and violence." "The dramatic and elated atmosphere… durably imprinted his sensitivity."[30] Racine was for Katz the greatest French poet.

Returning to Alsace in 1946, Nathan Katz obtained from Mayor Auguste Wicky a steady, well-suited job as a librarian at the Municipal Library in Mulhouse. In 1948, age 56, he married Françoise Boilly, from Normandy, twenty years younger, a grand-daughter of Napoleon's general Foy and of the portrait painter Louis-Léopold Boilly. Françoise never learned to read her husband's poetry, but always claimed that she could recognize it "by ear," she being a fine musician.

Nathan Katz' reputation reached a highpoint in the mid-fifties. It started with the miraculous recovery of the score of *The Little Earthwives* when, over a decade after composer Leo Justinus Kauffmann's death, a peasant woman brought over to his

---

[29] Yolande Siebert: *Nathan Katz, Poète du Sundgau,* Société Savante d'Alsace et des Régions de l'Est, Collection: Grandes Publications, tome XV, Librairie Istra, Strasbourg, Paris, 1978.
[30] *Ibid.*

widow, Gabrielle, a stash of papers that she had recovered at her farm and that he had entrusted to her for safekeeping for the duration of the war, in what can only have been a case of foreboding. Within months, the play was translated into French by a friend of Kauffmann, Prof. Ernest George Will, an eminent Near-East archaeologist, and performed and transmitted as a radio opera by Radio Strasbourg. Another radiophonic adaptation, in Swabian-Alemannic, quickly followed, produced and beamed by the *Süddeutscher Rundfunk* and retransmitted by the *Deutschlandfunk* in Berlin.

The year 1958 saw a successful revival of *Annele Balthasar* at the Théâtre Alsacien de Mulhouse, and the publication of his new volume of poetry: *Sundgäu. O loos da Rüef dur d'Gàrte.* ("...Oh, listen to that call through the orchards"). That same year, Nathan Katz resumed epistolary contact with the now disgraced and ostracized Hermann Burte. An exchange with mutual invitations ensued. Burte died before they were able to meet again.

Some late honors accrued to Nathan Katz, such as *Der Oberrheinische Kulturpreis* 1966;[31] being the guest of honor at the Hertinger Hebelschoppen 1968 in Baden, an annual banquet irrigated with local wine in celebration of Johann Peter Hebel; in 1977, he received the Grand Gold Pretzel of the Institute of popular arts and traditions of Alsace.

Nathan Katz could not have been born into more trying times to be an Alsatian poet and to find oneself sitting between all the chairs of two mighty cultures, in the decades of their most destructive enemity, what with the annexation of 1871, the two World Wars raging at his door, a new annexation, Nazism, Vichy

---

[31] The prize was attributed by the Johann-Wolfgang von Goethe Foundation in Basel, financed by the Hamburg industrialist Alfred Toepfer to honor artists or researchers in the cultural history of the Upper Rhine Valley. It was in existence between 1966 and 1995, when it was discontinued because of political controversies.

and the Holocaust - and his being a Jew to boot. It need not have happened that way. Schiller and Burns, Hebel, Goethe, Mistral, not to mention his beloved books on Buddha and Jesus, had been beacons pointing in the right direction and Katz had kept his eyes fixed on them almost without flinching. With his poems and two stage plays, Nathan Katz succeeded in modestly, discreetly, overcoming history.

As an Alemannic poet, he needs to be situated in the field of the German literature of his time. A Hermann Burte is today unreadable. Nathan Katz rings bell-like and pure and is resonating ever wider and louder. From the turgid ideologies of a Burte, he was defended by a triple armor: his judeity; his Frenchness; his authentic immersion into peasantry and into the masses, a world citizen tenaciously rooted in his hometurf.

Nathan Katz died of heart-failure at the Hasenrain hospital in Mulhouse on January 12, 1981, age 89.

The Witch-hunts

"To appreciate *Annele Balthasar*, there is no need to be familiar with the history of witch hunts and with Nathan Katz's tongue, filled with sensuality and earthiness, and yet, we are not dealing here with mere literary fiction," says Prof. Jacob Rogozinski.[32] We quote and translate from his essay in the Arfuyen edition of the play's French translation:[33] "Besides drawing direct inspiration from the first witch trial of Anna Balthasar of Willer which took place in historical reality – at Altkirch in 1589 – he

---

[32] Professor of philosophy at the Marc Bloch University of Strasbourg. Author of: *The Logic of Hatred: From Witch Hunts to the Terror,* Fordham University Press (2024); *The Ego and the Flesh: An Introduction to Egoanalysis (Cultural Memory in the Present)* Stanford University Press (2010); in French: *Djihadisme : le retour du sacrifice,* Desclée de Brouwer, 2017.

[33] *Annele Balthasar,* French translation by Jean-Louis Spieser, bilingual French-Alsatian edition, Editions Arfuyen, 2018.

also rendered accurately the general climate of suspiscion, of denunciation and terror which prevailed in those times, in Alsace and in other regions of the Holy Roman Empire. His description of the « tribunal of malefices » and of the behavior of the peasantry, the accusations levelled against Annele, Doni's allusions to the « eminent scholars » whose writings fired the witch-hunts: all these are in conformity with historical truth... The reader today may shake his head in disbelief when learning that, at the end of the 16th century, it was possible to bring to the stake innocent peasant women on the sole faith of denunciations and rumors. Yet, this is historically accurate. It is not possible to determine exactly the number of victims of this witch hunt which raged through Europe for two centuries. The number of 100.000 victims – women in the great majority – advanced by historians does not seem exxagerated. One often imagines that the Great Hunt took place in a remote time, during those Middle Ages still in the thrall of barbarous supersitions. Error: there were never more "witches" burned than at the time of Descartes... The last execution of a "witch" was to take place in Switzerland in 1782... It is hard to understand what can have provoked this wave of persecution and just as hard to figure how it came to an end. Historical research allows us to situate its emergence and its development. It was born in the West of Switzerland and in the region of Basel, close to the Sundgau where Annele would spend her life. There appear around 1420-1430 beliefs in a «satanic sect» said to indulge in the vilest of rites and conspiring to destroy Christendom. In the preceding centuries, the Church and cultivated elites hardly took seriously popular tales of nocturnal meetings where warlocks and witches congregated, mounted on broomsticks in order to celebrate the cult of Satan. Forthwith, this myth will impose itself with the strength of an article of faith. Those persisting in negating the existence of the "witches sabbat" will be accused of heresy and end up at the stake, like the "venerable and learned priest" movingly evoked by Doni. France remains relatively spared by the witch hunts, except for some border regions such as Lorraine, Flanders and the Basque country. In Italy, Spain and England, the persecution remains limited and sporadic. On the other hand, it will reach its highest intensity in the Holy Roman Empire, in cities like Cologne, Würzburg and Bamberg, where thousands of witches will be executed within a span of a few months; it was even said that in some villages in Swabia or Baden, there were no more women left, all of them having been burned... In Alsace, numerous trials were carried out, which sent to the stake some 2,000 victims. Still today, one can see in towns such as Sélestat, Rouffach, Châtenois, Kaysersberg and Thann the "witches' towers" where these unfortunate women were held and tortured before being brought to trial. Scholars and intellectual elites who now, in their vast majority, believed in the reality of the sabbat, played a decisive role in the expansion of the persecutions. From the earliest times of the Great Hunt, several treatises of demonology were published, denouncing the "satanic sect" and calling for its eradication by all means. One of the best known is the *Malleus maleficarum,* the "Witches' Hammer," published in Strasbourg in 1487, which will be authoritative during most of a century and serve as a work of reference during trials... The main author of the *Malleus,* Inquisitor Heinrich Kraemer, nicknamed Institoris, begins his career as a Dominican prior in Sélestat. After publication of the *Malleus,* he will hound down tirelessly "witches" and "heretics" in several regions of the Holy Empire and will boast to have sent to the stake over a thousand women... Granted, the rantings of the demonologists could not have exerted such influence if they had not been picked up and spread by the ruling powers. In the 15th century, the Church and the inquisitors lead a merciless battle against what they designated as "diabolical heresy." In the following centuries, the states will pick up from them. Notice that it is not the inquisitors who judge Annele Balthasar, but the magistrates of a civil tribunal, as was the case in most of the trials of the Great Witch Hunt. These secular judges will prove to be even more pitiless than the Inquisition had been. These terror politics would have remained largely ineffective, had they not found large popular support. Despite some cases of resistance, most of the peasants and city dwellers were convinced of the existence of a malevolent conspiracy and of the necessity to eradicate it. So that they actively collaborated with the judges and inquisitors, in denouncing the so-called witches..."[34]

The question of the "why" of the witch hunts has not remained without attempts at answers. A significant foray was made in the early 1980s, by German economists and demographers Gunnar Heinsohn and Otto Steiger in a series of articles and in their book *Die Vernichtung der Weisen Frauen* ("The Annihilation of the Wise Women")[35], when they released their well-researched thesis that the witch-hunts had to be understood as an economic and demographic answer to the catastrophic depopulation brought on by the Black Death and the mounting need for workforce and warriors, by means of an all-out war to suppress the ancient knowledge of birth control which was the domain of the "Wise Women." Their extermination was decisive in starting the European population explosion which held on into the 19th century, powered the industrial revolution, the drives for colonisation and mass wars and lead to European world dominance.

Heinsohn's and Steiger's book was enthusiastically received at the time, especially by the feminists. It made the cover-story of the magazine *Der Spiegel,* it went through 14 editions, yet it was almost unanimously panned by scholars everywhere, branded a

---

[34] Jacob Rogozinski: "La Chasse aux sorcières à l'époque d'Annele Balthasar" (translated by me) in *Annele Balthasar,* Editions Arfuyen, 2018 (see above).
[35] 1985, 1987, 1989, 2005 März-Verlag.

"conspiracy theory" and never translated. There was no such thing as a knowledge of birth control in the Middle-Ages, "experts" maintained. All those who have read Emmanuel Leroi-Ladurie's masterpiece of historical anthropology, *Montaillou: The Promised Land of Error*,[36] know that the knowledge of birth-control and herbal contraception was wide-spread, even in the most backward rural communities in the South of France in the 13th and 14th centuries. Heinsohn and Steiger show statistically that in the aftermath of the witch hunts, the number of children born per woman increased for almost three centuries, and so did death in childbirth, infant- and child mortality and child neglect. When the old knowledge had been eradicated and the population explosion become unstoppable, the persecutions ended all of a sudden. Heinsohn's and Steiger's theses are progressively regaining attention, and may yet emerge as the most plausible explanation of the witch-hunts. It was espoused in the United States, a.o. by medical historian John M. Riddle.[37]

A word about religion in *Annele Balthasar:* I gave, casually, my English translation of *Annele Balthasar* to read to an American friend, Richard Stern, grandson and brother of Protestant pastors. He made a fulgurant remark: Doni, he said, is an Anabaptist.

Anabaptism, the followers of which called themselves the Swiss Brethren, later the Mennonites and Amish, was born in Northern Switzerland in the 1520s, shortly before the Peasant wars broke out (which Doni refers to in Act 2), and around the time when the witch hunts took off with a vengeance, all these happening in that same area of "Alemannia"-- Alsace, Southwest Germany and Northern Switzerland -- some six

---

[36] 2008, George Braziller Inc.

[37] John M. Riddle: *Contraception and Abortion from the Ancient World to the Renaissance*, Harvard University Press, Cambridge 1992; John M. Riddle: *Eve's Herbs. A History of Contraception and Abortion in the West*, Harvard University Press, Cambridge 1997.

decades before the events of *Annele Balthasar*. The Anabaptist movement reached Basel as early as 1527, where it was severely repressed. The Anabaptists spread in Alsace in the 16th century despite atrocious persecutions. Some 600 of them are said to have been executed in the town of Ensisheim alone. Doni, in his apprenticeship travels, would have come across Anabaptists and their faith. And so would Nathan Katz three centuries later on his wanderings and lifestock buying trips through the Sundgau, for the Anabaptists, though never numerous, were firmly established in Alsace by the 17th century.[38] They were present in the Sundgau, referred to as the "Swiss sect" and still mildly ostracized in the times of Nathan Katz – and even of my own Sundgau childhood. Doni is not just the mouthpiece of his young, idealistic author. His professed love of peace and work, his religious stance, with its passionate references to the Sermon on the Mount and his reluctance to resort to violence, are as "historic" as the witch-hunts.

Anne-Marie de Grazia
STILLWATER, Oklahoma, August 2024

Sources:
Yolande Siebert: *Nathan Katz, Poète du Sundgau*, Société Savante d'Alsace et des Régions de l'Est, Collection: Grandes Publications, tome XV, Librairie Istra, Strasbourg, Paris, 1978. Yolande Siebert is the undisputed expert on Nathan Katz.

---

[38] When Alsace was joined to France by the Treaties of Westphalia in 1648, the Anabaptists were demonized by the new rulers a.o. because of their pacifism and refusal to bear arms. Louis XIV was much prejudiced against them. Dutch Ambassador M. van Beuningen explained to general Turenne: "...We do not fear revolt from a sect which has as one of the articles of its faith a prohibition against carrying arms. They... pay their share of all public taxes, and that suffices us. With their taxes we pay mercenaries who are more useful to us in the army than they could ever be." See: GAMEO, the global Anabaptist Mennonite Encyclopedia online.

Victor Hell: *Nathan Katz: Itinéraire d'un poète alsacien,* Editions Alsatia, 1978.

Raymond Matzen: „Der Markgräfler Hermann Burte und der Sundgauer Nathan Katz." In: *Das Markgräfler-Land,* Band 2/1999, published by Geschichstverein Markgräflerland e.V. Schopfheim.

ANNELE BALTHASAR

PERSONAE

ANNELE BALTHASAR
VRENI BALTHASAR, Annele's mother
DONI, Annele's sweetheart
LÜWISLE, a girl from Willer, Annele's friend
FINNELE and MARIKELE, two children from the neighborhood
FINNELE'S MOTHER
THE MAYOR OF WILLER, father of Doni
THE MAYORESS OF WILLER, mother of Doni
A PEASANT WOMAN
A BEGGAR
THE SIX JUDGES OF MALEFICES of Altkirch
THE PRESIDENT OF THE TRIBUNAL
THE PROSECUTOR
THE DEFENDER
COURT USHER
SECOND COURT USHER
1. MAIDSERVANT
2. MAIDSERVANT
A LANSQUENET

Lansquenets, Girls and Lads from Willer, Peasants, Peasant women

PLACES AND TIMES

ACT I.
At Willer, in the house of Vreni Balthasar anno 1589
ACT II.
Three weeks later, at the home of the Mayor at Willer
ACT III.
Three days later, before the Tribunal of Malefices at Altkirch
ACT IV.
The following day, in the same place as Act I.

*It's but un echo
through our orchards
of the lukewarm nights*

Prologue

How eves at times do freeze still;
Once more a log flares up in the stove;
The wind shudders against a barn door. –
You think of earlier times.

One sits and thinks and listens into the night
Into the dark, a vast of snow.
You mean to see, through the centuries gone,
People through the village trudging.

You see in dreams as summer nights,
When pairs to each other finding.
You see a girl of eighteen years
There on her deathbed lying.

They spread flowers on the linen sheet;
Snow-white lilies and roses red,
Two days long she lay struggling,
She lay grabbling with death.

So long ago, a few hundred years. – – –
A log flares up in the stove blazing.
The wind tears at the barndoor outside. –
You think of earlier days.

ACT ONE

The den of Vreni Balthasar at Willer. Low-ceilinged peasant home.

ANNELE BALTHASAR, VRENI BALTHASAR

ANNELE BALTHASAR: around 18, somewhat pale, her hair in braids. She is churning butter.

VRENI BALTHASAR: a spry woman in her early forties, solidly built, flourishing. Mother Vreni is spinning.

ANNELE
Something's eating at you, mother! Me seems sometimes, you are not well!

MOTHER VRENI
Oh, but I am!

ANNELE
You're always like that! When you have something wrong with you, you speak up only when you're real sick. Must I help you to something?

MOTHER VRENI
But what are you thinking about. I'm well, for sure.

ANNELE
You don't stop thinking about it, about how at Altkirch they burned that witch of late.

MOTHER VRENI
Oh, I have it before my eyes all the time! All night I dream of it, as it were. It was dreadful, dreadful, it was!

ANNELE
You shouldn't have gone, Mother!

MOTHER VRENI
I wish, I hadn't been there. - How she screamed when they put the fire to the stake. How she pleaded, that one should have pity! That one should banish her from the land, that she would never come near again! That one should have pity on her four children! – If you had seen her, how she tore against her tricks once the fire reached for her! - It was dreadful!

ANNELE
I wouldn't want to watch. It must be an atrocious pain for sure, when one must burn up like this, by one's wake senses.

MOTHER VRENI
And she was such a decent wife; one would never have thought that she was a witch.

ANNELE
But can one be sure, that she was one?

MOTHER VRENI
Listen, if she herself hadn't confessed to it before the court, I would never have believed it.

A noise is heard outside.

ANNELE
It seemed to me, there was someone at the door. That Doni, he will come by for sure, I hope, today.

MOTHER VRENI
I'll see it before me as long as I live: those eyes!

ANNELE
You'll get yourself sick, brooding over it.

FINNELE, *a girl of eight, sticks her head through the door.*

ANNELE
It's you, child! I was sure I heard, there was someone outside!

ENTERS FINNELE
Mother, tomorrow I'll come with you, out to the fields.

MOTHER VRENI
So be it, I don't care!

FINNELE
Mother has already said that I can come!

MOTHER VRENI *gets up.*
I'm going to fix dinner.

EXITS. *Finnele runs to Annele and wants to take the crank-handle of the butter churn from her.*

FINNELE
Let me churn a little!

ANNELE

No, I'm done already! It's turned to butter now! We'll take it out later.
Annele sits down at the spinning-wheel and starts the wheel whirring.

ANNELE
Come, sit next to me for a little while, child!

FINNELE
You'll sing to me, won't you?

ANNELE
I don't feel like singing right now!

FINNELE
No but, sing!

ANNELE
What shall I sing?

FINNELE
Whatever you want!

Annele sings while spinning, dreamily:

The elderbush buds out again!
And everything's a'blooming.
One should not be alone like this
On fair days such as these.
One should have someone close by one!
How quiet are the alleys now,
Where they a'courting go!
Me seems, thou shouldst be near by me,
Oh, thou faithless lad,

By me thou should be staying.
Blackbirds go hoping on the path.
Good God, it hurts one so,
when everything a'courting is,
to go around alone!

FINNELE
You're so pale since you've been sick!

ANNELE
Imagine, if I had died!

FINNELE
But you had no right to die.

ANNELE
Child, one is dead so fast. Noone can hold one back.

Both remain silent. Annele lost in thought.

ANNELE
Why 'you crying, child?

FINNELE
I'm so afraid, to think you could have died!

ANNELE
Come on, little fool! You can see, I am still alive!

FINNELE
You see, I am so afraid when I sometimes see the lights pass by, when they carry the deadbox on white towels. - When they buried that child lately, I've hid in the shed under the faggots.

ANNELE
Come on, you little fool! You see I'm not dying!

FINNELE
Yes, but I have heard them when they said, that you were so badly sick!

ANNELE
But you can see now: I am healthy again, now!

Someone is heard opening a door outside.

FINNELE
Someone's coming.

ANNELE *running to the door*
(joyously): It's that Doni!

She opens the door frantically. FINNELE'S MOTHER ENTERS.

FINNELE'S MOTHER
No, it ain't that Doni!

Annele stands embarrassed.

FINNELE'S MOTHER
Only wait, he won't be long to come! These girls can't stand their sweethearts not hanging around their skirts one minute.

FINNELE
Mother, tomorrow I can go out to the fields. For sure, huh?

FINNELE'S MOTHER

Me seems, you don't want to come home any more. You're beginning to spend more time with Annele than at home.

ANNELE
Ay, let her be here from time to time!

FINNELE'S MOTHER
I believe for good, that she wants to be with you alone. You let her do, whatever she wants. At home, she gets by time a trouncing, when she won't behave.

ANNELE
Nay, come on! She'aint at all misbehaven!

FINNELE'S MOTHER:
Is your mother in the kitchen?

ANNELE
Yes.

FINNELE'S MOTHER
I'm goin' to see, how she's doing.

Finnele's Mother EXITS. *Annele seats herself at the spinning-wheel. Finnele has gone to the table. She takes from the bouquet on the table two red carnations. She climbs on Annele's knees and sticks the flowers into her hair.*

FINNELE
So, now you're beautiful!

ANNELE
Yeah? Am I?

FINNELE
If you had died, you'd look so ugly!
And then the burial: then all the women would have been wearing these black clothes...
Finnele's mother and Mother Vreni ENTER from the kitchen.

FINNELE'S MOTHER
It's for sure dreadful, such a thing!

MOTHER VRENI
May our Good Lord guard all people from such a thing. For nothing in the world would I be part of this again.

FINNELE'S MOTHER
But one can accuse any womenfolk, can't one, and torture them, and beat them, all the way until they say that it was they who did it, and then one burns them. Once the evil spirit takes over one, it's difficult to chase him out again. Maybe, if one knew all the hallowed sayings to the effect! Maybe if one could swallow right away some hallowed salt and wax, I have heard said once... But our kind knows nothing about anything, what can one do!

MOTHER VRENI
When I went over the Roggenberg, one could still see the smoke get up over the roofs. One could still hear the people hooting and jeering. I would sure like to know, what they find so merry, to run there all to watch! What kind of joy can there be, to watch another suffer!

FINNELE'S MOTHER
(to Finnele) Now come, child, let's go. I have work to do.

EXEUNT Finnele's mother and Finnele. Mother Vreni GOES BACK to the kitchen. Annele at the spinning-wheel.
ANNELE
That's how I would like it to be right now... That he would come, like that... I would want to wrench him against me! I would like to sit all quiet next to him, and only watch how night falls around us: how the holy images on the wall, and the flowers before the window, and the cupboard and the bed flow into one single thing... O! When it gets to be quiet in the lane outside... when girls and lads sit one by another and sing and laugh...

Meanwhile, Doni has entered without her noticing him.

DONI
But here I am, child!

ANNELE *throws herself at his neck, exulting*
Doni!
What a fine one you are! A whole long day he did not let himself be seen! And all the work I've done since: I have been standing at the kneading through, I've been weeding the garden!... When there's something to be done, he doesn't show up! The whole day, he won't come to his sweetheart!

DONI
Did you miss me?

ANNELE
Yeah, and how! Just think: one whole day...!

DONI *coyly*
Sure, you won't have thought about me all that time!

ANNELE

Maybe you think I'm like you, who don't think about one! – I bet ou were with one much prettier than me!

DONI
Don't you know that there's not a one in the land more beautiful than you are?

ANNELE *laughs out in joy*
Oh, come on, you foxer!

DONI
But, isn't it true?

ANNELE
When you went on your apprentice journey, then did you really meet girls... A poor peasant girl like me, indeed... Just look how I'm made up: an old frock...

DONI
One can't wear one's year-day's best every day!

ANNELE
When year in, year out, one does nothing but working and cleaning!

DONI
Look, that whole time, I was thinking only about you.

ANNELE
I wonder what you may have been thinking?!

DONI
"Now, she's standing by the fireplace!" I would think. – "Now, she's hanging up wash in the orchard!... Isn't she a beautiful

girl?! All the kitchen windows looking out into the fields are sparkling with glee! – Now she is watering the geraniums on the windowsill," I sometimes thought. "How red, geraniums are!" – And nights, at times when I woke up, I thought: "Now she's asleep! She's lying under the linen bedcover. How thick her fair hair is lying on the pillow!... Now she is smiling in a dream!" Sometimes, I cried for joy in the dark. – Do you want to know more?

Annele has been sitting still, lost in thoughts.

DONI
Why are you so sad, child?

ANNELE
But I am not sad.

DONI
Something's eating you!

ANNELE
It's only because I love you so much!... I couldn't even live without you!

DONI
You dear girl!

ANNELE
When I sometimes think about you, and you aren't here, then time seems so long to me. Then I think so: if only you came! And then when you are here, then I get all of a sudden so cheerful, and then, so sad, and then again cheerful, and then again sad, and it changes like that a thousand times, one thing after another, and then I should only laugh and cry, all at once, only

because I have you so dear... Is it like that for you too, sweetheart?

DONI
Aeh, naturally, it's like that for me, too!
ANNELE *beats up on him; exulting*
Oh, you!

DONI
Aeh, it's natural, it's because I love you so!

ANNELE
Then tell me now: did you then always love me?

DONI
Oh, for such a long time, already! Long before I went on my apprentice journey. And when you walked by in the street, I stood sometimes in the barn or in the shed and then I would have wanted to scream at the top of my lungs. How one day the prune trees were blossoming in the gardens along the lane! All the way into the road, they were leaning! And then you came walking by, all through this sparkle and blossoming. One might have thought, everything was screaming for joy around you... A princess, you were!

ANNELE
And not once did you come up to me and said a word to me! Even sometimes you avoided me.

DONI
Yes, and I was thinking of you!... And I was wishing, a thousand times, to be only one time together with you like this... only a little while!... And to tell you everything... And then you walked by again, in your plain dress... Everything bloomed more fiery in

the gardens; all the windows sparked louder... There was like a revelry in everything! - and I was so bewildered. - And then I stood alone somewhere in the back of a shed and cried my heart out...

ANNELE
And you didn't know that I was walking by for your sake!... – And some good day I might have had another one for a sweetheart... But how can boys be so dumb? – Yeah, what would you have done then, if I had married another one?

DONI
I can't think what would have happened...

ANNELE
And I would have been the wife of another!... And I would have been together with another one for life... And you would have come back from afar and you could only have looked on, when sometimes we drove by on the hay wagon, and were working together! Then tell me, what would you have done, then?!

DONI
Maybe I could sometimes have constrained myself. – But I believe that sometimes nevertheless my heart would have burst! Do you think, it wouldn't sometimes at night have driven me out into the dark... And then maybe I would have stood in front of your house and would have seen how your windows were all lit, and maybe I would have heard your voice, as you were laughing, and being happy! I think, it would have been dreadful!

ANNELE *laughing gaily*
And I would have been laughing inside, and I wouldn't even have known that you were in pain because of me!
A noise is heard outside.

DONI
Listen, isn't there someone outside?

They sit a while, listening.
ANNELE
Yeah, I think so, too!

Annele goes to open the door: A BEGGAR ENTERS: *an aging man, in rags, his sorrow-worn features and his pale, sunken face show a deep misery. He utters his words haltingly and timidly.*

BEGGAR
For the love of our Good Lord God, I beg you for an alm.

ANNELE
Have you had something for dinner, yet?

BEGGAR
No, not yet, Maiden!

ANNELE
Be seated, I'll get you something!

The beggar sits down. Annele hastens into the kitchen. She comes back with a bowl of milk and a piece of bread.

ANNELE
Here, come to the table.

The beggar brings his chair closer to the table. With trembling hands, he breaks the bread, then eats. – Annele has seated herself next to Doni again. They giggle. Doni caresses Annele's hair. Annele laughs loudly. – The beggar stops eating.

ANNELE
Is it not to your liking?

BEGGAR
Forgive me, every time I see young people like you, all my wretchedness comes back to me!

ANNELE
You must have gone through a lot, then?!

BEGGAR
I haven't always been roaming around like this, in rags, pitiable! – Despair will crush one's throat, when one comes to think of it.

ANNELE
Tell us, then!

BEGGAR
I too have had my house, once, and my wife!... We also sometimes, when I went courting, like you, sat close together, necking. – She became my wife and we worked together. – A hundred times a day, when I was working in the barn, I would walk into the kitchen, to be with her for a wink... – And then we laughed out: "Oh, but we shouldn't have to be away from each other at all!"

ANNELE
And did she die, your wife?

BEGGAR
Worse than that! How can one not but lose one's mind!... They've taken her from me, they've burned her!

ANNELE
Burned?!

BEGGAR
They came to fetch her here... and they brought her before the court at Altkirch: that she should be a witch!... That she should have bewitched a stable! That someone should have looked through a harrow tooth during Christmas mass, and seen that she was looking behind her back, because she couldn't stand to look at the altar. – They have tortured and questioned her, until she confessed to having done all this... After that, they've burned her at Altkirch, outside of town. – Me, they locked me up, one month in the tower, then they let me go.

DONI
One should scream for woe when one gets to hear such things!

BEGGAR
I no longer know how I carried on with life – for four weeks, like a beast, I wandered about the forest. When a man showed up, I went out of his way! I cried as loud as I could, like a small child! For hours, have I laid on the ground and dug my hands in the dirt. I've gone back to the square where they had burnt her, a hundred times, a thousand times, thinking, it could not be true, it couldn't! She had to come back – she had to – it has been thirty years!...

ANNELE
Thirty years!

BEGGAR
I've wandered about, broken in the best of my years. All work was loath to me. – For whose sake would I have worked? The fields lay fallow. – In the den, in the kitchen, it was all so

bleak!... Everything standing there, lost! – Then I went away. – Who could stand to stay at home, where everything reminded one of her!

ANNELE
What misery!
BEGGAR
It lasts not only a year or two! It's for a long time! For one's whole life!

ANNELE
That I will believe, that something like that one can't forget!

BEGGAR
One goes up and down across the land, and everywhere one sees people who work the fields, and people who are merry, and one's heart would want to burst!
That was sometimes the worst: in the spring nights, in those mean, warm, fair nights: one is lying, and thinking – and harks to the outside, and outside there's that sweet smell everywhere – and outside, it's spring! – Spring! – Everything sprouts and greens, and one little beast goes after another, and one worm after another, and the gardens are full of flowers, and all the windows and all the churchyards! – And she doesn't even have a grave, with a few flowers on it, that's what one thinks. – And so, one is lying, and grinds one's teeth, and weeps. – And one thinks: how everything could have been so good, – and how she had had to die in the midst of the cruellest pains – and how everything could have been, if one could have lived together! – And that's how one is lying and thinking! And one cries on in silence, and one's heart would want to break all along. --
One seeks to constrain oneself: "I believe, I could finally become master over myself again!" – One asks oneself if one might not

come back to one's senses! – But nothing helps: the heart must howl itself out. It was so painful, at times! So painful!

DONI
It's dreadful!

The beggar gets up. Annele gives him two eggs and a piece of bread.

ANNELE
Here, take this along on the road, now!

BEGGAR *leaving*
God may repay you many times, Maiden!

DONI
Doesn't one feel sometimes, like one would want to drive into it all like a storm! That one should take on all that's evil, all that's base, all stupidity! Oh, to take it up with all of them, for life and death, to the last drop of blood... They would be many: thousands, millions!... Their numbers would be too great!... One would have to go under!... and yet... at night: Doesn't one lie and roll around, and can't sleep, as if someone were calling one for help, someone who is in torment and misery, who can no longer fight it off!... Who is calling on one for merciful help... One should want to yell, sometimes, in the middle of the night!... Dreadfully weighs on them the dark, the night! – –

There will come One sometime: a big One! He must come! The world for sure cannot remain in such despair!... I can already see him sitting all night long in his silent chamber! Tormenting himself and thinking, all night long! Full of pity for the people, who are going down in wretchedness. The despair of their lives will crush his heart! And the people will hear his word! They will

spit on him! Spit, if they merely hear his name!... – But he, doesn't even hear their chatter, that's how he hangs with love onto mankind! Everything he says is so big, so good; – he bends their hearts despite everything, the hearts of millions!... Stakes shall burn no longer! Sighs no longer die along the dank walls of torture chambers!
Like a fiery glow it will come over the world!

ANNELE
But come to me, then! We are asking for nothing else, are we, than to be together! We only want to live together and work together! We only want to have our home and our bedchamber and our hearth and our bed! Is it not all one needs of life, for these few hours, that we are allowed to be together...

Annele puts her arms around Doni. They stand embraced in silence. It is getting dark. The bells are ringing the Angelus.

ANNELE
I have you dear so much, so much...
Oh, but come you closer!... Now you're mine... All of you... now... for all the time... You are dear to me so much!... That's how one should be able to be: to open up all into one another, to be all one... one body, one soul... one inside all eternity!

She embraces Doni with passion.
They stand in silence.

DONI
Do you see the prune trees in blossom?!... One can smell them all the way down to one's heart!... How silent the hamlet is lying now!... do you hear close by in the forest the little owls shrieking!...

ANNELE
Sweetheart, are you also happy, like that?

They stand hushed. The bells are still chiming.
A pause.

ANNELE
Now the rosary is over! Now they're coming out of church! Soon the people will all be sitting in front of their houses and call it a day, and get a rest, and talk, and laugh, and sing songs...

DONI
Folks are better, on a summery night! One wouldn't even think that there should be day again! That soon misery will take over the people again: avarice, envy, evil talk, feeling glee, when the neighbor comes to harm!... If only it didn't get to be day again!

ANNELE
But I'll be holding on to you, even if the whole world should waste into hell.

DONI
That's how I would love to live, my life... This way, here, in our corner of the world! To have our house, and our chamber, and our bed. And hold wake together during winters' eves, with a fire and a good heat going, and in our summers' eves sit in front of the door, and listen how somewhere in the hamlet boys and girls sing their old songs, and giggle together, and laugh... And so would I like to work for you, and walk merry and free through the streets, holding my head up!... Like that... With you... here, at home!
A pause.
It has become darker. MOTHER VRENI *brings a burning fatwood and sets it on the table. She returns into the hallway.*

Annele looks blessedly absorbed into the flame.

ANNELE
Like that it's so beautiful, to be together like that! One feels so good that way! How quaint the lights flickering in the dark!
I am always so afraid for your sake... We could sometime be torn apart so all of a sudden... as if something could happen!... As if one could die and be lost to the other... I sometimes suffer so much, when I think about it.

DONI
You dear, dumb girl! Why bring up thoughts like these?

ANNELE
I can't help it; such evil thoughts come strike at me!... But it seems to me that one should always be allowed to be together like this. You, beloved, you...

MOTHER VRENI ENTERS *running.*

MOTHER VRENI
What might this be?!... The Altkirch lansquenets are in the village... Could it be that they want to drag someone before the court? *(She hastens to the window.)* They are coming up the street!... But where might they be going?
They are coming towards the house!!

ANNELE *getting up, scared.*
Here, towards the house?!

Voices are heard outside. The door gets torn open. LANSQUENETS ENTER.

THE LANSQUENETS
Here she is, the witch!

They walk up to Annele.

ANNELE
O thou, merciful God in heaven!!
DONI *stands in front of Annele.*
What do you want from this maiden?
(The lansquenets push him aside and want to get hold of Annele. Doni throws himself desperately between Annele and the lansquenets. Screaming:) Keep away from this maiden, I say!!

The lansquenets throw themselves over Doni. Struggle.

ANNELE *screaming*
O, God! Doni! Doni!

Curtain.

Act II

Home of Mayor at Willer. An orchard, densely planted with apple and pear trees bloom.
The MAYORESS *is carrying a basket of laundry into the orchard. She is a peasant woman of around 50 years, robustly built, healthy, thriving.*

Another PEASANT WOMAN COMES UP *on the path crossing the garden. She is carrying an empty basket.*

PEASANT WOMAN
Some fine wash, you've done today.

MAYORESS

One must bring things in order, while the weather is holding. I do think that we'll have more good days coming.

PEASANT WOMAN
In truth, it's a lordly weather, these days. Come to think of it: there haven't been many good days so far, this year. How nicely things are blossoming! If we don't have any more late frost, there'll be fruit, this year, like we haven't had in a long time! A blessing of God, it is!

MAYORESS
I bet that everybody in the village is going to be at Altkirch tomorrow.

PEASANT WOMAN
I believe so, too! With a nice weather like that! And think, it has been a good thirty years since a womanfolk from our parts has been standing before the court for witchcraft.

MAYORESS
Who would have thought this of that Annele – any other girl I would rather have suspected.

PEASANT WOMAN
See how one can trust one's own self!

MAYORESS
And she has always shown herself to be such a good, decent girl. – I remember when she came to sit with us at eves, in winter.

PEASANT WOMAN
And I have been hearing that your Doni has been weaselling after her…

MAYORESS
But of course not! He only wanted to go over there once before he went on his journeys. But we warned him off, and he did not go back thereafter.

PEASANT WOMAN
But they say that since he's been back, he spends all his evenings there... I say this only because the people are saying so.

MAYORESS
It's not true! No! What' you going to make up in your head?!

PEASANT WOMAN
It occurred to me myself, that you would never stand for it.

MAYORESS
No! No! Of that rest assured!

PEASANT WOMAN
When I think of it: that time long ago, when they burned that Barbara! I was at that time just fifteen years of age. She lived in the house just next to ours... All the people were saying that she was the most pious soul in the village. She wouldn't do harm to a thing... Oh God! What she didn't all confess to, before the court!

MAYORESS
See, how one can be mistaken...

PEASANT WOMAN
For ten years, she had been going about it. More than a hundred times, she had gone to that hideous, cursed witches' dance. A hailstorm she brought down, which destroyed all our crops...!

MAYORESS
That's how misfortunes happen to one, and nobody knows wherefrom.

PEASANT WOMAN
When I think of it again, how the cattle had been restive at times, in the middle of the night... how they would tear at their chains, it was in truth as if a wind had come driving down the chimney... Before the court she then admitted to it, that on the order of the evil spirit, she had bewitched our house... and with that, she gave herself out, as if she were a saint! Everybody would have put their hand in the fire for her. – It's the same thing now with that Annele!
I must go now get some vegetables in the field. It's high time, that I make the meal.

MAYORESS
Will you come sit for a little while tonight?

PEASANT WOMAN
Yeah, I'll see!

Exit the peasant woman. Enters the Mayor, coming up the footpath.

MAYORESS
Did you finish off in the fields?!... Where is that Doni?!

MAYOR
I'll bet anything, that we're going to have a bad time, with that boy!

MAYORESS

Didn't he come along?

MAYOR
The whole morning again, he has been moping! He won't speak!... He sits around. – We should have stopped him earlier, from going after that girl.

MAYORESS
We have nothing to reproach ourselves. We have warned him enough: he can't go bind himself to a girl whom they want to burn as a witch!

MAYOR
But he won't have anybody say a word against her! I am ready to believe anything, that we have bad things coming, with him.

The Mayoress picks up her basket and EXITS. *The Mayor* FOLLOWS HER. *The stage remains empty for a wink.*

SOME GIRLS AND LADS *come up on the path, on their way to the fields. The lads carry scythes; one girl carries a basket, covered with a little piece of white cloth.*

The girls, singing:

Now fair spring is coming
and everything's a-blooming!

There blooms a flower on the low,
The plague is in the world by now.

The plague is a hard penance
I know that I must die,
Four men are a'coming, to carry me out;

they'll carry me out to the churchyard.
They'll bury me deep and cover me up,
then I'll be sleeping for eternal rest,

Three little roses will flower on my grave,
Come thou, my sweetheart, come pick them for keeps!
The first is white, the second is red,
the third stands for bitter death.

One lad utters a loud scream of joy. He takes one of the girls around the hips.

ONE GIRL *(beating him back)*
Will you be quiet, now?

ONE BOY
Show me, do you have other goodies in your basket?

ONE GIRL
There's nothing to be looked at here! (*(She takes the basket back from him, laughing. He grabs her again and wants to kiss her. She resists and strikes back at him, laughing)* Will you be quiet, in the end?

They ALL EXIT, laughing.

DONI *and* LÜWISLE, *Annele's friend,* ENTER *on the path.*

DONI
And so, she is a witch, Lüwisle!

LÜWISLE
Rather would the whole world be made of witches, than she should be one!...

DONI
And yet, she's there, imprisoned between these dank walls, thrown into despair and anguish! And can see nothing before her, but death! Isn't it dreadful?!

LÜWISLE
You must not despair yet. I still have this feeling in my heart, that she will come back. That she will be found to be innocent...

DONI
Look, I wish I would die!

LÜWISLE
But one cannot give up so quickly!

DONI
It's in my head all night! I scream sometimes! Sometimes, I walk to the window and howl into the dark.

LÜWISLE
But listen, one must not think the worst.

DONI
I mean, it cannot be, no, that they'll take her away from me and kill her!... For whom have I lived? What for, working?! Over all that I did... all that I thought... there was a brightness because it was meant for her!... And now, nothing means anything to me anymore!

LÜWISLE
The poor girl!

DONI

Look, Lüwisle, I sometimes thought we would live here together! Here, I wanted to work for her! I wanted to make, that she should be happy all her life! – and now, what's to come of it?! – She won't even be able to live through this, in there, where they have brought her, when she's already been ill to death, one year ago. .

LÜWISLE

But don't make your heart so heavy; you must think: not everything is lost yet.

(Lüwisle presses Doni's hand.) Sure, we won't lose hope, won't we?

She EXITS slowly. Doni sits down on a tree trunk, brooding.

DONI

How she must be suffering now... there, inside... on a litter of straw, there! Mustn't she be screaming for me day and night?!... And I am here... idle, and can do nothing for her!... And, with my hands in my lap, I must watch them go about, to kill her...

Enters the MAYORESS.

MAYORESS

But listen, Doni! Let your mother have a word with you... You'd better go and help your father, rather than to sit here by the light of day and ruminate.

DONI

What use is working to me!

MAYORESS

If you have what it needs to live, without working...

DONI

For whom shall I want to work?!... The one I want to work for, they are taking from me, they are killing her!...

MAYORESS
And for the sake of us, you can't work, can't you!... Haven't we raised you and worked for you?!...

DONI
Yes, you've worked for me! I know! I want to be grateful to you! But I'll go mad if I have to live through another night.
I see everything so dreadfully before me!... like a desert, life shall be for me, without her!... –
Listen, if they kill her, on the next beech tree, I'll hang myself!

MAYORESS
O God! Have I deserved this from you!...

DONI
Did she deserve, to be martyred like that?!

MAYORESS
I've been seeing it coming for a long time, that we'll be living through some evil things, with you! I've told you long enough, you shouldn't have anything to do with that girl!

DONI
Mother! Like a ray of light, she has entered my poor life, that girl! What was I, before I knew her?!... Like an angel, she has been wandering among those small, vindictive little folks...

THE MAYOR has entered the orchard.

MAYOR
We have warned you. More we can't do! If you don't want to listen...

DONI
You've warned me?!... Isn't she worth more than me?!... Isn't she better than me, Father?!

MAYOR
You've gotten yourself hung up on a witch! You'll be our undoing!

DONI
She is like a saint, father, who has come down on our earth.

MAYOR
That's what we'll see at court, tomorrow!...

DONI
How high above it all she is, above your resentment and your wickedness!

MAYOR
You can't be helped!

DONI
No, I can't be helped! She is dearer to me than all of you!... than the whole world! What did she want from you?! Her heart didn't wish for more than for a home, where we could have lived together and be happy, for the few days that we are here, on earth. The only thing she wanted was to be with me! She was so happy when she could make me happy! She had such joy when she could help someone!... that's the extent of her crimes! – – what did you do to her in exchange! Between dank walls you have thrown her, and you want to kill her! She is to die a horrible death! It's dreadful!

MAYORESS

My boy, I pray you, listen to your parents!... We don't mean you bad!

DONI
Haven't I sometimes been lying in the orchard behind the sheds, and have laughed out loud, and have cried for joy, and no longer known, why I was crying?!... Only because she was living here, in these parts!... Only from the moment I've known her, have I become aware, what a heaven we are living in! Haven't I walked sometimes all the way to the end of the meadows and have thrown myself into the grass and have howled for joy!... For no other reason that the sun stood in the sky and shone upon the roofs? That she could have done that, to me! That she could have brought such happiness onto me! This cannot be of this Earth, of us, poor humans, something like this happening to one!... It's a miracle of God!...

MAYOR
You are wickedly possessed by her!

DONI
Was I not myself a mediocre, narrowminded little man, as they all are, before I knew her! Through her only, have I started to feel inside me, what life is in truth! Through her have I seen clearly for the first time how they live, these million folks here on earth! How they tear each other up, so that one could hang a heavier stone around his neck, a heavier chain... just as dogs fight each other over some gnawed-up bone!... And none remembers, how happy they all could be, if they weren't so intent upon dragging each other into hell, for the sake of what, a miserable piece of metal, a stone!...
Oh! Instead of seeing how a millionfold brightness enfolds them, high above the gardens, above the mountains: a light against which the shine of their precious stones is as nothing! When all

the splendor and all the glory is here for all, as long as they live within it, and open themselves up!
Didn't I sometimes lay through the night, thinking how she is so much better than I am... and sometimes couldn't grasp it, how one could be as good as she is!... Through her have I felt that this cannot be all there is, this life here, with these miserable, petty quarrels between people. There has to be a better life than that! There has to be something: a life, far beyond anything we can imagine. – – Something like the last splendor of our gardens blooming... Something, like a drone which at night would vibrate in the timbers... far away beyond anything we can grasp... And yet to be alive: a way of being together inside something, which is through and through a soul... in a great love...

MAYORESS
Let yourself come back to reason!

DONI
No, you shall not tear her out of my heart! She is despairing in there!
And you want to bring me to abandon her now that she is in wretchedness! When she is in pain and a thousand times a day thinking of me!

Enters the PEASANT WOMAN, with a basket of vegetables. She listens for a while.

PEASANT WOMAN
Heaven, Doni, you should listen to your parents! They don't mean you bad! One cannot get hung up on a witch!

DONI
Who dares to say anything against her?

PEASANT WOMAN
I know your parents ever since we have been children... I sure don't wish you any wrong. But I can't stand, watching you driving yourself into misfortune because of a witch!... the whole village is talking about you!

DONI
But what does the whole village know about her?
PEASANT WOMAN
They would stone her if she were at hand! That she could have done harm to a poor child in his crib?

DONI
Because she has done harm to a child?

PEASANT WOMAN
One time, she came to sit at Peter Lütz'! The moment she came in, the child started crying in his crib. She went to the crib and took him up on her arm. For four weeks after that, the poor little wormlet grabbled away between life and death, that our Lord himself should have felt pity. Must not a human being have a stone inside her chest, in place of a heart, to be able to do something like this?!...
MAYORESS
That's for sure!

PEASANT WOMAN
Must not something like that get to one? And many other things are told about her! It's a good thing, it's finally coming out. Not long ago, that witch from Fulleren, whom they burned at Altkirch, said that she had been at the witches' dance, at Fulleren.

DONI
For sure, everybody in the village knows something about her.

MAYORESS
Go listen then to what people say about your girl!!

DONI
That one should have the gall, to say something about her in my presence! Oh, now, I can see it all clearly, what you're about!...

MAYORESS
Let yourself for the will of God be brought back to reason!

DONI
Now I can see it before me, all the harm we have already done, we humans: thousands of stakes burning! Thousands, and again thousands, of poor martyred women in your torture chambers, chained in your dark towers!...
Now I can feel it, what they have suffered, the many, many, when they heard you jeer outside, drooling! If only you could feel some time their mortal anguish!!... One wouldn't want to live at all. Are you so sure of yourselves, about your witches?! ... it's all some blinding of your miserable puny brains!... Now I understand! You are dreadful!

MAYOR
You shall bring us into trouble, saying the things you're saying.

DONI
I should put my hand in the fire for her!

MAYORESS
Don't come with this kind of talk!

PEASANT WOMAN
There have been witches since the world exists!

DONI
Almost everything in your lives is nothing but blindness and delusions.

MAYOR
There are people who know more than you do, who say that there are witches. Go ask one of our learned masters if you think you're so knowledgeable. – – Anyway, we don't want to brood over such things, at this time.

DONI
Your learned masters grope their way through old, dusty books! They get ever more stupid, wading through their Latin drivel. None of them remembers the sun shining in joy over the beeches! None of them remembers that it's everything, to feel inside us the splendor of gardens, during those few days when we are in health before we rot in the grave!

MAYORESS
It seems, you know more than the doctors!

DONI
I am, thank God, not one of your doctors, I am just a man with a heart in his body, that I am!

PEASANT WOMAN *EXITING*
God beware us from heretics!

MAYOR
You shall be our end, with your seditious talk! Ever since you were on your journey, you've nothing in your head but the

schemes of this heretic, about whom you are sometimes blabbering!

DONI
If only you had seen him, that heretic! He's a like a great peace going through me when I think of him! He was an honorable, learned master! He came to the square, where they had burned a witch. He showed them a cross, to the people standing there. "Do you still dare to look up at This One, here?" he called, "when you commit such crimes? Your belief in witches is a lie, it's an affliction! Turn around, and become human again!"... They put him in jail! Brought him to court! They tortured him until he confessed in agony that the evil spirit had ordered him to talk the way he did! Until he took back his words, which he had uttered in great compassion, and stated that yes, witches existed. They burned him as a heretic outside the city... A thousand times have I seen his image before me since! How often it came to strike me in the night!... There was one among you, who was human, and you killed him!

MAYOR
I pray you, Doni! Don't say anything against the authorities!

DONI
The authorities are just the same as your peasants. They are poor, stultified people... – – if only things could change!... Go then to your authorities and do something for her. You don't act like a father to me!...

MAYORESS
Your father surely doesn't mean you bad! If only you would listen to us...

MAYOR

We don't act like parents. It hurts, to hear something like that from one's child!... If only everybody else meant you good, as we do.

DONI
But why don't you understand how I am bound to her! Like that, bound to her from the depth of my whole soul!... Won't you do anything for that poor creature?!...

MAYOR
I can see nothing that I can do! – –

DONI
You, as the mayor of the village! But go, you, to the lordships! Tell them that you vouch that she has never done any harm! Surely, you can do that: you can vouch on your life that she is not a witch! Can't you even do that?!... If I could do anything for her, I would go to the ends of the world!... – – I pray you! Please, go!...

MAYOR
And even if I go! She will be brought before the court anyway!

DONI
Look at life around you! Through thousands of little veins, it circulates through the world! It trembles at the end of the leaves of grass! Through all the bushes, through all the branches the sap is rushing now! It brews in them! It almost makes them burst! Everything wants to grow, now! Now, that spring is here!... Must not one be seized in one's heart when everything around one is alive!... One cringes even to tear off one leaf... to reach with a rough hand into what is most alive! I mean, as if a vein of the world would be torn open!... And you are throwing her, who is what I love most, who is more precious than

anything, between these dark walls, and you want to take her away from me and kill her, when she has the right, doesn't she, to live for a few years in this splendor... inside this beauty...

MAYOR
Before court, it will be established for good if she is innocent.

DONI
Do I see the world differently from you?!... Above all your thoughts, all your deeds, everything that you produce, above all your joys, all the misery that you inflict upon each other - above all the thriving gardens, all the torments in your dark towers, I hear time heavily striding, on its way to eternity... All the time, like a clock... Isn't this the deepest, that we can grasp: that everything is alive, and everything is passing.

MAYOR
There may be many things which we humans do not comprehend.

DONI
Have you never seen Him, right in front of you – as it is said in the gospel, – standing there on the mountain, preaching: "Help each other! Stop tormenting one another!"... If only you wanted to live according to this!! Think about it: spring here, when in the blossoming trees the houses lay buried, when some kind of grace lies over the roofs of the sheds, on the steps leading to the kitchens!... Summers, when in the brooding hot air, the wheat ripens!... Falls, when the leaves turn; – when one goes to pick up the dead wood; – when every house is standing so still in the fog as if wondering about itself!... Winters when one hears the whole day flails being beaten!... Would it not be paradise, this place, if only the people wouldn't torment and plague one another.

MAYOR
This is all well seen, but there must be a justice.

DONI
There's not much to it, to your justice!

MAYOR
Yet, nobody can complain about it... We have our laws! We have our judges, who are men of honor: mayors of these villages!... There must be a right... one cannot be without a justice!

DONI
I can see her before my eyes, your justice! There, at Lupstein, lie thousands of our fathers murdered; at Dammerkirch, they are filling the whole churchyard; at Oberlarg... they are still lying, rotting for the sake of right and justice!... *(sneering)* They have all been killed for the sake of right and justice, haven't they!... it makes one's heart stop when one passes by a churchyard. How much misery has come into the world, for the sake of what you are calling "the right!"... What crimes haven't you committed, in the name of your justice?!

MAYOR
You will be our ruin.

DONI
Wretched people!... Is there nobody left, who dares to take a scythe in his hand, to help tear a poor child out of the murderers' claws?

MAYORESS
Do you want to bring us harm on purpose? Don't you know that the walls have ears?

MAYOR
We are your parents! We don't want to be thrown into misery because of you. If you carry on with this rabblerouser's talk, you have nothing to do with us any longer...

DONI
What can they do to me, your lordships?!... I am standing here! On this spot! Against all injustice, against all the misery of our time!... What can you do to me?!... I cannot do much more than die! It's worth despairing, to watch the way you live among yourselves! If you kill her, you can kill me as well! It all goes together!!

MAYORESS
For heaven's sake, Doni!...

MAYOR
Do you mean, maybe, that we should revolt like our fathers did, seventy years ago?

DONI
Revolts don't help anything at all if you don't become human! Even if all your wretchedness could be flushed out of the world! If your doctors could cure all illnesses, so that there would be none living in the world but who are healthy... When all your pains for your daily bread would cease to exist,... your souls would again promptly fashion a thousand images, of things, which have no reality, which are nothing else but delusions, and you would torment each other for their sakes, and drive each others to the grave... Our fathers, seventy years ago: they took their scythes from the walls! They wanted to be free! What came of it? Blood and fire and wretchedness in the whole land. If only they had been free at first in their souls; if they had been

good men to begin with, who knew, what they were fighting for!... The way they were, nothing could come out of it!...
Oh, I can see it before me: a time... when there will be another kind of uprising: it seethes in a million hearts! In millions, love comes to life! Feelings, that humans are finding back to humanity! It's like a brightness over the world! The peasant drives his plough over the field to grow bread for all! The weaver works to clothe all... the one lives for all the others, in brotherliness!

MAYORESS
That would be nice... yeah... if it could be like that!...

DONI
Through the villages I would like to walk! Through the cities! I would like to shout! I would like to have thousands around me... with blazing eyes! A hundred thousand! I would like to tear her out of their claws! I would like to throw myself at anyone, who would want to do harm to my beloved... And yet... yet I would not want to harm them... to inflict pain!... I don't begrudge anyone this little bit of sun that shines on them, during these few days when they are in the world!...
Against whom would I have to go?! Against the judges?! The mayors of our villages around?!... No, I would have to go against all the people... against thousands of thousands... against our whole times!...

MAYOR
Come, get my clothes ready, I want to go!...

MAYORESS
Where do you want to go?

MAYOR

I am going to Altkirch. Maybe that I still can do something for her, after all! – –

Exeunt Mayor and Mayor's Wife.

Doni
He's going. – – Maybe that it's not like that, after all, that they are all so full of wickedness. That they have sunk so low! – --
She must come back, when my heart screams after her again and again, night and day - day and night!!...

Curtain.

Act III

Hall of the Tribunal of Malefices at Altkirch. A gothic hall.

1st Maidservant
The lordships will come any time.

2nd Maidservant
Let's close all the windows.

At the door, which leads from the hallway, appears Mother Vreni. She is wearing her peasant Sunday's best. She steps over the threshold: she looks around, anxious and distraught, then disappears again into the hallway.

1st Maidservant
That woman is still outside.

2nd Maidservant
Since four o'clock in the morning, she has been standing by the door, waiting.

1ˢᵗ MAIDSERVANT
She's the mother of the witch.

Rumor of voices and heckling outside.

1ˢᵗ MAIDSERVANT
I think, people have come from all the villages to hear.

2ᴺᴰ MAIDSERVANT
The whole of Altkirch is on its legs.

1ˢᵗ MAIDSERVANT
If they are not gonna open the doors soon, they will break them down, they are so excited.

2ᴺᴰ MAIDSERVANT
But they can't all find place in the hall.

EXEUNT.
ENTERS a COURT USHER, followed by MOTHER VRENI, who looks around, fearfully.

COURT USHER
Here, seat yourself on one of the benches. The lords judges will soon be passing through here.

MOTHER VRENI
My Lord, can one also speak to their lordships...?

COURT USHER
Just get seated for a while, until they arrive.

MOTHER VRENI

My Lord...! Have they all been burned at the stake, those who have been brought here as witches?

COURT USHER
Quiet! Here they come!

The JUDGES ENTER. LANSQUENETS *are posting themselves at the doors.*
MOTHER VRENI
My lords! Do have pity on my child!

PRESIDENT OF THE TRIBUNAL
What does this woman want here?

MOTHER VRENI
Your lordships, look at me, I have nothing but my child!

PRESIDENT
Who let this woman in?

They all look at each other in silence.

PRESIDENT
Bring her out of the hall and watch her, until the proceedings are closed.

MOTHER VRENI
Your lordships!...

She falls on her knees before the President. The President moves away. Lansquenets grab her and lead her out.
The double wing doors open. PEOPLE STREAM IN *and fill the benches. The judges seat themselves at their desks.*

The SIX JUDGES OF MALEFICES - THE PRESIDENT OF THE TRIBUNAL - THE PROSECUTOR - THE DEFENDER - THE PUBLIC.

PRESIDENT
Judges of the Tribunal of Malefices, you are swearing before the Almighty God to judge on Truth in Justice, to make Right prevail, to punish the Evil Deed!

JUDGES
We swear!!

PRESIDENT
Judges of the Tribunal of Malefices, who have sworn before God Almighty, I require you speak judgement over Anna Balthasar of Willer.

Two lansquenets BRING IN ANNELE. From her confinement in the dank prison, Annele looks pale, half mad. Her clothes are hanging in tatters. She gives out intermittent, pointless laughs. Murmurs among the Public.

PRESIDENT
Anna Balthasar of Willer! Thou arst accused of having dedicated thyself to the thousand times accursed Devil! Upon his order, thou hast perpetrated all kinds of evil deeds against the people of thy village. Upon his order, thou hast renounced God and hast taken part in the accursed, lewd dances of the witches on the Fuchsberg at Fulleren. We the Judges of Malefices of Altkirch call on thee now to tell the Truth about it.

ANNELE
This light! All those many, many lights! God in heaven! This great shining light!... these million angels around one!...

PROSECUTOR
You can hear already the Evil Spirit speaking out of her, so that he may confuse us.

PRESIDENT
(To Annele) You must now give an answer to our questions! You confess that you have dedicated yourself to the Evil Spirit, and that you have been at Fulleren on the Fuchsberg, to take part in a witches' dance.

ANNELE
Seven judges sit at court... years pass by... years are gone... Seven skulls rot underground...

PRESIDENT
You must answer what you are asked!...

ANNELE
But I am but a poor maiden from Willer... And now you want to hurt me... with you rough hands!
(Suddenly screaming)
How dreadful it must be inside the grave!... In this humidity, out there!... But not even that!... to burn by one's living body!

PRESIDENT
When did the Evil Spirit come to you? Now, answer!

ANNELE
He came to the little window... Don't be so wild, you bad boy... what if you break a windowpane... what then!
(Starts laughing) But don't be so wild, I say!... - You've stolen a little carnation from the windowsill!... Oh, you're so sly, you!... You only wanted to make me come outside, to scold after you!... I knew it!

PRESIDENT
You went sometimes to the witches' dance?

ANNELE
I had no more peace, day or night!... He screamed for me! He whinnied above the barn roofs! He has torn apart trees! I was lying so warm under the bedcover!... I, pretty Annele... I was awake... when he sometimes whispered sweet things from outside, as if a breeze were going through a thicket of peonie stalks!... I heard him the whole night! I cried in my pillows!...

PRESIDENT
You have gone with them onto the Fuchsberg!

ANNELE *laughing*
Juchu! Juchu!! We rode through the night... out through the chimney... on the broomstick! Like the wind! Juchu!... Riding over the churchyards... over the woods, over the villages! – – At Old Ferrette, we have danced around the gallows! As fast as the wind! Just like the wind! – – Isn't that a merrymaking, my sweetheart, my betrothed... Haha! Over the woods, over the dells, over the dark villages, all over!... Naked we danced under the pines! The little owls were shrieking for us... The dogs whined... After that, someone died in the village.

PRESIDENT
You confess that on the order of the Evil Spirit you have done harm to the people of the village?!

ANNELE
There he comes, that Doni!... Over there!... I knew that he would come to help me! He is so strong! He knows so much! I

knew it, he had to come!... Won't you, even if your folks won't have it, won't you stand by me?

PRESIDENT
Listen to what you're asked! At the home of Peter Lütz, you have done harm to a child?...

ANNELE
It was so pretty in its crib... it laughed...

PRESIDENT
You took it on your arm! After that, it lay for four weeks, grabbling with death!

ANNELE
Poor child! How it grabbled!

PRESIDENT *giving a sign to the clerk*
At Klaus Kampf's, you've walked through the stable?

ANNELE
The stable at the Kampf Klaus's!... So good warm... The trough of cut hay, there!... Through a window, a weeny bit of light... The chains jingling. The beasts were ruminating.

PRESIDENT
After that, three calves died.

ANNELE
These poor calves!...

PRESIDENT
You confess to bewitching the stable?

ANNELE
They were standing there so humbly, and sickly, the calves!

PRESIDENT *pensively*
Write that down!

After a pause, to the Prosecutor.

PROSECUTOR
I accuse before this Court: Anna Balthasar of Willer! – – Said Anna Balthasar confesses the evil deeds for which she appears before us: a pact with the Murderer of Souls, with the Devil accursed in all eternity. She confesses that she poisoned a stable! She has, upon his order, inflicted harm on a small child in a crib. As a result of this, it grabbled between life and death for four weeks. Moreover, she confesses that she has denied God and His Holy Host, and that she took part one night, at Fulleren on the Fuchsberg, in the lewd dance of the witches. I summon the judges, by reason of her having allied herself with the Demon and her having exercised witchcraft, to speak judgement: that Anna Balthasar be punished by being put from life to death through fire!

Pause.
The judges sit, reflecting. They riffle through documents.

ANNELE
The little tombs of my little sisters... they have carnations on them, and geraniums!...

Murmur in the audience:
Her mind is gone!

ANNELE

And they won't give me a tomb! Not a bone will remain of me, not a poor little white bone.
There... Father?!...
Father? But you've been crushed dead by a tree! You were bloody, pale, pitiable... They brought you on a wain...! I can still hear it, bumping... The candles! Father, these two candles next to you on the bench, flickering!... How white the sheet over you... white as snow...

ONE VOICE
Her mind is gone!

PROSECUTOR
It's the Evil Spirit talking out of her, in order to confuse us!

ANNELE
Father! You're standing there!... come and help your child!... Look, how they want to torment me! How they want to hurt me! In the dark tower they have held me; within those dank walls. *(Imploringly)* Father, help this poor child of yours!

ONE VOICE
I'd put my hand in the fire that the maiden is innocent!

ANNELE
Father!... How I cried when you died! For two months, I didn't dare to enter the room in the dark...

ONE VOICE
Don't you see that she has said all this in a fever! She is for sure bewildered!

ANNELE

Oh, on the Fuchsberg!... Hu! How they are dancing there, under the pines!... The little owls are hooting!... it's unholy!... someone will die!... In the moon... witches!... the Evil Spirit... he's dressed all in red!... Naked they are dancing there... How white their bodies, between the black trees!... How their hair is waving!... Like silk! Just like silk!
(She laughs)
No! I've taken hallowed salt; I won't dance anymore!

PRESIDENT
You took hallowed salt?

ANNELE
Hallowed salt and wax...

PRESIDENT
And then the Evil Spirit did not return?

ANNELE
He did! Turning around the house!...

PRESIDENT *getting up*
Speak, then!

ANNELE
Sometimes, he came prowling... I could hear him at night... I was lying in bed... I pulled the bedcover over my head... he was like a storm wind in the night!... He cried, outside! He pulled on the roofs of the sheds, in his anger!... He threw open and shut the shutters! – – I have pulled the bedcover over my head... He had no might over me any longer... How happily I slept there in the chamber!... I, poor, pretty Annele!

PRESIDENT

And since, he's never come back to seduce you?

ANNELE
Never!

DEFENDER
If she was able to chase the Evil Spirit with hallowed salt, then she is no longer punishable!

ANNELE
Father, you're still here?!... Come, take your child in your lap again!... Father, the gillyflowers are a-bloom in our garden!... We have sown two acres of rye this year!... The Good Lord walks through our orchards, Father! Sometimes one can hear him, as he passes: not a branch moves in the trees... How still the gardens are!... Here and there, a twig is cracking... The kitchen steps and the little stable window are alive and look out to the fields... Oh, you're wearing your black Sunday clothes, those you wore to go to church!... Why are you wearing them today?... It's a workday!...

ENTERS DONI, suddenly, struggling past the Lansquenets into the hall.

DONI
Must I find you in such a state, my child?

ANNELE
Are you Doni?!... Look, it's so dreadful here...

DONI
That's the state they have put you in, poor creature!!... Look at the state she's in... Merciful God!!

Annele laughs absentmindedly. She seizes Doni's hands and caresses them like a child.

ANNELE
I won't have to die, won't I, sweetheart?... Because I would like to live for a while... to live with you for a little while... You are helping everybody, otherwise... So, help me, too!...

PRESIDENT
(loudly, to the lansquenets)
Bring in order, here!!

ANNELE
But you'll stay with me now, won't you!... You are not going to let me alone again, now!... Oh, for sure, huh?!... Never alone again... I am so afraid when I am alone... You have a heart for me, don't you?

She seizes him convulsively. The lansquenets try to tear Doni away. Doni defends himself.

DONI
No, nobody will bring me away from you!!
You want to bring a poor child to her grave! If only one of you could be standing here, with a heart as innocent as hers!
I am now with you, my heart!!

ANNELE
Look how I have suffered... Why must I be made to suffer like that?... Tell me, sweetheart!... Stay with me now... I'm feeling good again, if only you can be with me!...

A troop of lansquenets surrounds Doni. He gets himself loose again.

Doni
Why don't you send in all your henchmen's helpers!! Why not send more of them! You can master a man without defences!... What a laugh, this justice of yours!...
Why don't you look at her? Do look at her! Your laws, which you follow, which are written in your dusty books... where everything is foreseen... made by poor, miserable humans... Yet no pity nowhere, and no heart!!... No pity!! That's it!! That's your justice, people!! ... So why don't you come!! Kill me too! With her! You have the power and the might to do it! You are already killing one here, who's better than I am!... Have a look at her, at what you did to her!! Look at her standing there! Doesn't at least one of you have pity in his soul?...

The lansquenets wrestle down Doni and carry him away.

Doni
Have you gone so far, people, in forgetting your God?...

Annele
Don't leave me, sweetheart, you are leaving me!... Can't you see how I have been violated and tormented?

Defender
This maiden is innocent!

Prosecutor
All witches are innocent!

Defender
With this crime on our souls, we shall appear one day before the Eternal Tribunal!

PROSECUTOR
For twenty years I have now been sitting at court. Every witch is innocent when she stands before us. They all whine and make up things! God wants justice!

A JUDGE
I think, we would be doing best, in this case, not to pass judgement, and to ask their knowledgeable lordships in Strasbourg for advice.

PRESIDENT
Judges of the Tribunal of Malefices, you have sworn before God Almighty, I now require from you to speak judgement over Annele Balthasar of Willer.

The JUDGES RECEDE. Murmur in the hall.

ANNELE
Oh, to die... now!... They are piling up the wood already!... They are bringing the fire!... The cords are cutting my hands!... Now they are lighting it!... Not even a little piece of bone will be left of me, not a miserable little bone!... Will nobody help me?!... Now...

She falls in a faint. Murmurs in the audience.

VOICES
Look, she is dying!!... And she is innocent!... Innocent, I say!

The JUDGES RETURN. The President reads the verdict.

PRESIDENT

"By the Judges of Malefices through rightful judgement be it declared that Anna Balthasar of Willer is said free of the accusation!"

Murmur on the benches.

VOICES
Free! Innocent!

The President moves up and sees Annele in a faint.

VOICES
Look, she is dying!
PRESIDENT
Bring her to the hospital!... Doesn't she have relatives outside?!... Someone get them!

A COURT USHER EXITS.

OTHER COURT USHERS
Her mother lies faint in the hallway below.
The judges stand around Annele. Attempts are made to revive her. – the public in tense expectation – the COURT USHER COMES BACK, followed by DONI.

DONI
Annele!...

He tries to make her stand up. She lies unconscious in his arms.
DONI
That you could hurt a poor, innocent child! Have you a heart in your body?!...

My child, what is the matter with you?! Show me! Child, don't you recognize me?! ... Show me, wake up!... You see, who's here!... Can't you see?!... Love! Wake up, come on, wake up...

Annele opens her eyes and looks bewildered around her.

ANNELE
Who are you?!... but who are you?

DONI
You no longer recognize me?!... I am Doni!... Your Doni!!

ANNELE
You?!...

DONI
Look at me! Don't you recognize me?!... It's me, me!...

ANNELE
That Doni... you! ...no!
She closes her eyes and sinks back into a faint.

DONI
Annele!!
ONE OF THE BYSTANDERS
She's dying!

DONI
She is dying!...
No, don't die!... No!... Can she die, when I love her so much?!... God cannot allow this... Never! Never!... When I love her so, beyond anything in the world!...

While people busy themselves around Annele, the curtain falls.

Act IV

The stage is as in Act I.
*A*NNELE'S CORPSE *is stretched out, covered with a white sheet. – Red roses are spread over it.*
Half-darkness. – A thunderstorm outside. In the window, far-away lightning. From time to time a muffled sound of thunder.

*G*IRLS, PEASANT MEN AND WOMEN *are holding wake. In this act, all, except for Doni, are speaking with hushed voices.*

*D*ONI, *his hair shaggy, his face haggard, let's out a strident scream.*
PEASANT WOMAN
He's out of his mind for good!

DONI
They are burning her! Help, quickly!... They are piling the faggots!... They don't know what they are doing!... They want to burn my poor betrothed!

LÜWISLE
Please be quiet, Doni!
A PEASANT WOMAN
What's that Vreni up to?

LÜWISLE
She is still lying in a fever. I don't have much hope for her.

DONI
They've gone crazy, all!... Look at them, how they drool! With their frightful, cruel eyes!... They are wearing their Sunday best!... Isn't there any other issue?!...

LÜWISLE
Look, Doni, be quiet a little bit.

DONI
Can't you hear, how they are heckling?... They want her blood! They won't be content otherwise!... They are like wild beasts!...

LÜWISLE
Don't make yourself sick, Doni! Nobody will do harm to her any longer.

DONI
Can't you see him outside?!...

LÜWISLE
Whom?

DONI
You see him, don't you?!

LÜWISLE
But whom?

DONI
There, on the mountain... in his white robe!... There...! He is speaking to the people!... He can be felt in every heart... Oh!... he's talking... such simple words... "Be good to each other! Don't plague each other! Help each other, for God's sake!" Now he goes off over the mountains... The people are still standing! There's a shine on their faces!... Don't you see him?... Oh, come, walk again, only for one day, through our poor, miserable times!!...

He sits down on a bench.

DONI *calling*
Lüwisle!

LÜWISLE
What?

DONI
Look, they want to burn my girl!

A PEASANT WOMAN
Children, how sad!

DONI
I don't know what's going on... It seems to me, there's a light before me!... These women in black clothes... The four men walking, mourning... They are carrying a casket on a sheet... on a white sheet... White as as a knife, cutting into one's heart... like the lilies in the churchyard are white!... Standing white around the old rotten crosses, inside which worms are chomping!... Listen: can you hear the thunder, outside? Doesn't it sound like the hour-chime of eternity?...

Everything is moving ahead... everything decays and rots... and we are but poor little humans and know no better than to torment each other during these few handfuls of days, that we are on earth, and we can't even do anything against everything dying and decomposing! Are'nt we bound all of us to the Big One, whom we cannot escape: to death!... to leaving!

A GIRL
Please be quiet!.. Sit up a little!... don't you remember at all, what happened yesterday?

DONI
Yesterday?...

LÜWISLE
Did nothing happen yesterday?

DONI
But why do you have lights, here inside?

LÜWISLE
Didn't you go to a maiden yesterday?

DONI
To a maiden?... I don't know... Everything is so grey inside, today... To Annele?... Isn't the mother here?... But surely, tell me, we'll get together, the two of us... I love her!... And I will work for her!... I would like to have her!... And to have our little house! Here!... A chamber with a bed inside, a den where at night in winter there would be a good heat!... And all this would meet one with a laugh, when one came home...

A PEASANT
Can he have hung onto her so much?
Enter the Mayor and the Mayor's Wife.

MAYORESS
Poor child, you must not think that your parents don't have a heart for you, when such a misfortune hits you. If only you knew what I have been through, yesterday and today...

DONI
Mother, why are you crying?

MAYORESS
You mustn't think that we, your parents, are against you. I can't tell you how much it hurt me, when I saw how much you suffered for her sake.

DONI
You understand how much I was attached to her, don't you, Mother!... As much as any man can be attached to anything!

MAYOR
Look, I've done for her whatever I could!... I've been to Altkirch... I have spoken up for her...

DONI
Yeah, you've gone to Altkirch...

MAYORESS
If you knew, how much it hurt, when I heard that she had died. If a knife had been stuck into my heart, I couldn't have hurt more!

Doni, pausing, reflecting.

DONI
But then it's true: she's dead!!...
MAYORESS
My poor child!
DONI
So it's possible after all...?!

MAYORESS
You must think that she is in peace now... Our good beloved God wanted it this way, that she should leave us...

DONI
She is dead!... And the flowers are still before the window, which she liked so much... And she would water them!... She planted them as seedlings!... They gave her so much pleasure... and she had to leave so young!

LÜWISLE
Poor girl!

DONI *brings the* MAYOR'S WIFE *by the arm and brings her near the bier:*
Look, here she is lying!... You see!... They have hurt her! They have done dreadful harm to her!...
(Screaming) They've taken her from me and murdered her! Isn't this horrible?! Must not a shudder go through their hearts when they take their children in their laps? Can even one of them enjoy a quiet minute, after such a crime? Can they have an hour of peace to die in?! – – And I could not help her!... There were too many of them!... How they were standing there, waiting to see her suffer... Me alone against all of them... Against thousands of them... against the whole land!...
Child, I couldn't help you! I couldn't!
Is it possible?... That she must lie in the dark grave... in the dankness... When she loved spring so much!... And outside, the blackbirds are singing...
The thunderstorm outside has become stronger. The den is darker.
Finnele and her little sister Marikele open cautiously the door. They remain shyly standing.

MARIKELE
I don't dare to...

FINNELE

It's so dark in here...

Lüwisle
Do enter, children! She won't hurt you, the poor Annele. She has always been so good to you!
She takes the children by the hand and leads them to the bier. Pale glimmer of lightning.

Lüwisle
Children! What a weather!

Doni
In the wet, cold earth they want to lay you, girl...? That one should have the gall to come close to you... lying here, so pure! It's you, who have murdered her! You! I accuse you all before our dear Lord God... All of you!... You have no pity in your hearts!... You have invented wicked things: witchcraft! Being possessed by the evil spirit!... You are possessed, all of you, by an evil, evil spirit... that the sun should wish to go dark!... It's you, who have invented wicked words: Right!... Justice before God!... through all the churchyards runs a wail about your justice!... You're inventing a thousand and then again a thousand clever things, and yet you don't know quite what you want, in every enemy of your delusions, you see an enemy of God!... and you don't know that you've lost God! The more you've looked for him, the more you've waggled your tongues about him, the more you drove him out of your hearts!... Wasn't it God, in me, when I was in love with her so much!... Was it not God, inside her, when she clung onto me, when she rejoiced over every flower on the windowsill, over every hour that the sun shone?... God, who lives heavily in all which surrounds us: in every bush that shoots, in every cloud passing, in every wind blowing over the fields!... Is it not God in us, who calls for everything great and beautiful?... Oh, when one listens to the air

waving at night through the trees, behind the shed, in the orchards... When the storm howls in the forest like a beast... When lightning flings itself onto the mountains... Isn't that beautiful? Doesn't that make one good? ... But you have lost him: God!... You drive your plough through the field and you don't hear the voice talking all around you and inside you, and you hang onto riches and on everything that sparkles, children! And you plague and torment each other!... Sometimes I've thought: a faith!... For all men: to be good to each other. To help each other... That's what I always thought!... That's what my heart was after! How I have hoped for a time when we would be human, only human!!... Oh, to see us all fall down on our face before something that is great and beautiful, and become better, and more compassionate!... How I believed in that!... And what did I find: wretchedness... The whole world sinking into wretchedness! In a sea of vengeance and envy and hatred unto eternity! And without any hope, that it should become otherwise!...

You are mine, now, girl...! Now nobody has any right over you any longer! Nobody! No miserable human paper law! Above all the baseness of the world, you're mine!

You're eager to see me, poor sweetheart!... For I am yours!... All yours!... Because I have belonged to you always, from all times... Because I will be yours into eternity... We've belonged together always, each had to come on earth for the other! So that we should have helped each other to carry all the sorrow and all the joys. So that neither of us should have had to while in this cold world and wither away without love and light... So entirely do we belong to each other! And a thousand times I hear your voice... Through all the walls... through all the woods... This is how you are calling for me... in a being-alive beyond misery... and death... that's what I have always pined for: to be together with you!... To be here with you in that great life, which swells in all the worlds... which trembles at the tip of every leaf of grass...

To be here... with you... in all eternity... Where no man can tear us apart, and no law, nothing!... and to be free!... Like this... in all eternity!... How the lightnings pour!... What frightening beauty!...
Child, this is where we're at home!

Curtain

END

Nathan Katz

Annele Balthasar
Ein Stück in vier Akten

ins deutsche übersetzt aus dem
Alemannisch-Elsässischen
von Anne-Marie de Grazia

Metron Publications

ISBN: 978-1-60377-101-6
LCCN: 2024943846
German translation © Anne-Marie de Grazia, 2022, 2023, 2024
STILLWATER, OK 74047
PRINCETON NJ 08540
metronpublicationsok@gmail.com

VORWORT

Das in 1924 uraufgeführte Drama 'S Annele Balthasar ist eine Alemannische Dichtung des französisch-elsässischen Schriftstellers Nathan Katz (1892-1981). Das Stück spielt im Elsass im Jahr 1589 und beruht auf einen tatsächlich erfolgten Hexenprozess, der in Altkirch stattfand. Das Stück is in elsässisch-sundgauer Mundart verfasst.

Nathan Katz, jetzt als „der originellste elsässische Dichter seit dem Mittelalter"[1] gewürdigt, wurde am Weihnachtsabend 1892 im Dorfe Waldighofen (Einwohner damals ca 750), im Sundgau, der südlichen Spitze des Elsass, als Sohn des kosher Metzgers Jakob Katz und Fanny Schmoll, einer Näherin und Tochter eines Stoffhändlers, geboren. Das Elsass war zu jener Zeit, in Folge der katastrophalen französischen Niederlage im Deutsch-Französchischen Krieg von 1870, ein Teil des Deutschen Reiches. Nathan wuchs auf Elsässisch auf, lernte Französisch von seiner Mutter, besuchte die Grundschule des Dorfes wo die Lehrsprache Hochdeutsch war, wohnte dem katholischen Katechismus mit seinen Mitschülern bei und ging wöchentlich zu Fuß zum nahen Dorf Durmenach, genannt „das kleine Jerusalem des Sundgaus," zum jüdisch-orthodoxen Ritus in der Synagoge mit seinen Eltern oder zum Studieren mit den dortigen Rabbinern.[2]

Wie ein jeder junge Deutsche seiner Generation, las er mit Leidenschaft die Geschichten des "Buffalo Bill" und die Indianer-

---

[1] Victor Hell, *Nathan Katz: Itinéraire d'un poète alsacien,* Editions Alsatia, 1978.

[2] Als die französische Revolution die französischen Juden in 1791 emanzipierte waren über die Hälfte von ihnen Elsässer. Während der 1848 Februar Revolution fand in Durmenach das letzte Pogrom auf französischem Boden statt. Es verlief unblutig, aber mehr als 60 jüdische Wohnstätten und Geschäfte wurden zerstört und geplündert, und teilweise in Brand gesteckt. Es gab das Signal zur ersten Exoduswelle in Richtung der Vereinigten Staaten, grösstenteils nach Chicago und Philadelphia, wohin auch die 1849 besiegten badischen Revolutionskämpfer flohen. Der letzte Durmenach Jude starb in 1987.

Romane von Karl May, die er im Dorfladen für ein paar Pfennige erstehen konnte, bis der Pfarrer diese als "Unfug des Schundlesens" abkanzelte, man sagt, auf Bitte seiner Mutter. Der Ladenbesitzer erstand daraufhin einen Stoß Dramen von Friedrich Schiller und diese vertilgte Nathan jetzt. Nach Katz: "Hier kamen nun die ersten Bücher in meine Hand, welche mein Herz in Schönheitstrunkenheit entzünden sollten. Deren Lektüre ein Fest für mich wurde, obwohl ich noch nicht alles, was darin stand, ganz verstehen konnte."
Damals wurde im Einzelhandel Fleisch in Zeitungspapier eingewickelt verkauft, mit welchem die Familienmetzgerei regelmäßig durch einen in Basel arbeitenden Lumpensammler versorgt wurde. Nathan hatte die Gewohnheit, alle literarischen Artikel herauszuschneiden, und nahm Literaturbeilagen und literarische Zeitschriften, ob auf Deutsch oder Französisch, für seinen eigenen Bedarf in Anspruch. So wurde er früh mit Dichtern wie Rainer-Maria Rilke, Charles Péguy, Rabindranath Tagore und Frédéric Mistral vertraut.
Als Vierzehnjähriger beendete er die Schulung und fing an, als Büro-Lehrling in der ortsansässigen Textilfabrik von Lang und Bloch zu arbeiten. Sein Busenfreund Alfons Bechlen, vom Nachbarsdorf Riespach, erreichte eine Beförderung an die Hochschule zur Ausbildung der Grundschullehrer zu Altkirch und teilte mit Nathan seine Lehrbücher der Weltliteratur, die die beiden vertraut machten mit den Griechen: Sophokles, Plato, Aristophanes; mit Klassikern des Westens wie Shakespeare, Racine, Goethe, Hölderlin, Heine, Baudelaire, Byron, und auch mit asiatischer Dichtung von Hafiz, Kalidasa, La Tai'-Po, Tu Fu. Die letzteren würden einen unleugbaren Einfluss auf Nathan Katz und seiner überwiegend kurzförmigen, impressionistischen Poesie ausüben. Die jungen Leute vertieften ihr literarisches Wissen dank der preiswerten kleinen Ausgaben des Philipp Reclam Verlages die Nathan anschaffen konnte, als derjenige der über Bargeld verfügte von seinem Angestellten Einkommen.
Schon in der Schule waren sie in die alemannische Dichtung des in Basel geborenen Johann Peter Hebel (1760-1826) eingeführt worden – Hebel der von Goethe und Tolstoi himmelhoch gepriesen worden war und dem bald auch die Begeisterung von Kafka, Heidegger, Walter Benjamin und Ernst Bloch zukommen würde. Ein Handelsvertreter, der in der elterlichen Metzgerei verkehrte, hatte

Nathan ein Buch von Hebels Dichtungen gegeben, ein Schicksalsgeschenk, das ihn sein Leben lang betreute.

Als deutscher Staatsangehöriger wurde Nathan Katz im September 1913 zum aktiven Militärdienst ins 113. Infanterie-Regiment in Freiburg-im-Breisgau eingezogen und anlässlich der Kriegserklärung am 2. August 1914 sofort gegen Frankreich mobil gemacht – gegen das Land in dem die Eltern der meisten der jungen Rekruten als Staatsbürger geboren waren. Drei Wochen später wurde Nathan Katz bei Saarburg schwer verletzt - nahezu einen Arm verlierend. Er wurde in Tübingen durch einen führenden Chirurgen von Lähmung gerettet, von diesem befreundet und für drei Monaten zum Rot-Kreuzdienst nach Freiburg-im-Breisgau befohlen: Katz nutzte die Zeit, um als freier Zuhörer an der Universität Professor Witkops Kurs in alemannischer Literatur abzuhören, seine einzige Einführung in die akademische Bildung.

Im Januar 1915 wurde Nathan Katz zum 150. Infanterie-Regiment nach Ostpreußen eingezogen, und im März an die russische Front geschickt. Im folgenden Juni wurde er in Russland gefangen genommen und während vierzehn Monaten in einem Lager bei Nijni-Novgorod inhaftiert. Die Haftbedingungen waren mild genug, um es ihm zu erlauben, seinen ersten Gedichtband zu verfassen, in deutscher Sprache: *Das Galgenstüblein. Ein Kampf um die Lebensfreude.* Es bezeugt die Geburt von dem Katz eigenen pazifistischen Credo, welches ästhetische Gefühle eng mit einem grundsätzlichen Einsatz für den Frieden in Einklang verbringen wollte, mit einem Streben nach jenem "Weltbürgertum" das Friedrich Schiller hatte anklingen lassen. Das Büchlein ist "...eine Beichte keiner anderen gleich, die stille, im Taubenschritte, seinen Platz in der Welt der spirituellen Literatur einnimmt, ein Jahrhundert nachdem es herausgebracht wurde."[3] Es wurde 1920 in Mülhausen herausgegeben und wurde prompt auf Russisch und Armenisch übersetzt.

Nathan Katz wurde im August 1916 zusammen mit 1500 anderen Kriegsgefangenen, die meisten von ihnen Elsass-Lothringer, über Archangelsk nach Frankreich repatriiert und dort während sechzehn

---

[3] Jean-Paul Sorg, Préface: *La Petite Chambre qui donnait sur la Potence,* translated from the German by Jean-Louis Spieser, Arfuyen, 2020.

Monaten als feindlicher (deutscher) Soldat im Kriegsgefangenenlager zu Saint-Rambert-sur-Loire gefangen gehalten. Er wurde zur Sklavenarbeit in der Rüstungsindustrie in Saint-Etienne eingezogen, was eher einem guten Glück gleichkam, wenn man bedenkt, dass er ebenso gut auf die Schlachtfelder an der Front in Nordfrankreich hätte geschickt werden können. Weniger verzeihlich ist die Tatsache, dass er danach für zusätzliche achtzehn Monaten Gefangenschaft in ein Lager neben Lourdes inhaftiert wurde, in einen "camp d'internement et de concentration" – so lautete die offizielle Bezeichnung – für elsässische Männer, Frauen und Kinder die von zweifelhafter Loyalität betrachtet wurden. Nach über vier Jahre Haft, wovon fast drei in Frankreich, kehrte er im September 1919 nach Waldighofen zurück. Sein Freund Alfons Becheln, der Lehrer, war 1915 unter deutscher Uniform auf dem Schlachtfeld in Mittelkerke, bei Ostend, an der belgischen Küste, umgekommen.[4]

Nathan begann, in der elterlichen Metzgerei zu arbeiten, bereiste die Farmen des Sundgaus um Schlachttiere zu kaufen und näherte sich dadurch erneut der Bauernschaft. Zu dieser Zeit scheint er ein tiefes Verhältnis mit einem Mädchen vom Dorfe eingegangen zu sein, das von Familienmitgliedern (wahrscheinlich von beiden Seiten) durchkreuzt wurde, weil er Jude war. Es würde seine Lebenslange Liebeslyrik inspirieren und der darauf folgende Herzeleid, für immer verbunden mit den von Böswilligkeit und üblen Nachreden hinterlassenen Wunden, lieferte fast sicher den Auslöser für den gewaltigen schöpferischen Anstoss, der sein Drama über Hexenjagd und zertretener Unschuld, *'S Annele Balthasar,* hervorbrachte. Das Stück wurde 1924 durch das Elsässer Theater von Mülhausen (ETM) uraufgeführt.

Ihm folgte, fünf Jahre später, ebenfalls am ETM, die Märchenkomödie *D'Ardwibele* ("Die kleinen Erdweibchen"), die erste Oper auf Elsässisch. Die Premiere der *Ardwibele* war "ein Triumph." Der Komponist war ein junger Unbekannter, Léon Justin Kauffmann (1901-

---

[4] Dies wurde mir persönlich von Jean-Louis Spieser mitgeteilt während meines Besuches 2023 in Fréland. Er hatte eine ergreifende, handgeschriebene Trauerdichtung für Alfons Becheln im Katz Archiv gefunden. Jean-Louis rezitierte diese seinem Widmungsträger auf dem Militärfriedhof zu Mittelkerke.

1944), im Dorfe Dannemarie (Dammerkirch) im Sundgau als Sohn des Kirchenorganisten geboren. Als Leo Justinus Kauffmann 14 Jahre später, am 25. September 1944, unter den Bomben der Alliierten im Gebäude des Straßburger Musikkonservatoriums, wo er Komposition lehrte, ums Leben kam, wurde er als einer der bedeutendsten Vertreter Neuer Musik betrachtet.[5] Die Partitur der *Ardwibele* galt für lange Zeit als in dem selben Ereignis verschollen.

---

[5] Ich fand zu meinem Erstaunen dass im September 2023 ein 600 Seiten langes Buch über Leo Justinus Kauffmanns Leben und Werk beim Tectum Verlag: Musikwissenschaft erschien: Robert Gervasi: *Ein Grenzlandschicksal: Leben und Werk des elsässischen Komponisten Leo Justinus Kauffmann 1901–1944*. Der begabte Sohn des Kirchorganisten konnte schon mit 8 Jahren seinen Vater an der Orgel vertreten. Er studierte an den Musik Konservatorien zu Straßburg und Köln. Er wirkte als Chorrepetitor und Organist in Mülhausen, wohl in der Zeit, als er die *Ardwibele* komponierte. Er konnte aber in der Mitte der Finanzkrise keinen Gehalt erwerben. Frisch mit der Baslerin Gabrielle Stresser verheiratet, ging er zurück nach Köln, wo er eine feste Stelle als Klavierlehrer an der Rheinischen Musikschule sichern konnte. Seine erste Kompositionen *Lieder des Todes* und *Alemannische Suite*, bei der IGNM (Internationale Gesellschaft für Neue Musik) 1933 in Amsterdam uraufgeführt, fanden beachtlichen Beifall. Kurz darauf wurde er von seiner Stelle entlassen, wegen seinem allzukühnen Umgang mit Tonalität einerseits, und weil er mit einer Jüdin verheiratet war und er der Katholischen Aktion beigetreten war, die dem National-Sozialismus gegenüber kritisch entgegenstand. „Einen Ausweg bot die Vermittlung eines befreundeten Musikredakteurs am Reichssender Köln, von dem Kauffmann immer wieder Kompositionsaufträge erhielt. So entstanden mit den Jahren eine Reihe von Werken der Unterhaltungsmusik für das neue Medium: Musik für Hörspiele, Schlager, Funkoperetten und unterhaltsame Instrumentalmusik." Daneben komponierte er auch ein beachtenswertes Oeuvre in Kammermusik, darunter drei Lieder auf Gedichten von Nathan Katz. Der einflussreiche Direktor des Straßburger Konservatoriums und Experte in Kirchenmusik, Fritz Münch (der Bruder von Charles, dem Dirigenten) brachte ihn 1940 als Kompositionslehrer ans Straßburger Konservatorium. Kauffmann wandte sich vermehrt der Bühnenmusik zu. Die Oper *Die Geschichte vom schönen Annerl* (1943) und die Kammeroper *Das Perlenhemd* (1944) wurden international erfolgreich aufgeführt und rezipiert. Über *Das Perlenhemd* urteilte Philip Jarnach: „Sein zweites Bühnenwerk... ist eine musikalische Kostbarkeit und zugleich das Muster eines neuen, gültigen

Neben der Arbeit für die Metzgerei, nahm Katz 1919 eine Stelle als Textilvertreter für Lang und Bloch an, die ihn öfters über den Rhein nach Baden brachte, wo er mit dem damals führenden alemannischen Dichter, Hermann Burte, zusammen kam. Katz lernte ihn eigentlich durch Burte's Bruder, den Maler Adolf Strübe, kennen.[6] Hermann Burte war auch ein Maler, und dazu ein erfolgreicher „kult" Romanschriftsteller in deutscher Sprache. Er war ein Nietzscheaner und einer der intellektuellen Führer der *Völkischen* Bewegung, eine schwülstige, mystisch-nationalistische, ästhätisierende Lehre die gegen Ende des 19. Jahrhunderts aufsprang, germanisch-rassistisch von Grund auf.[7] Die *Völkische* Ideologie enthielt auch „den geistigen Widerstand gegen die Übel der Industrialisierung und die

---

Stiles der Kammeroper."[Dann trafen die Bomben... Leo Justinus Kauffmann's Musik wurde nach seinem Tod u.a. von Hans Rosbaud promoviert. Kauffmann, der immer ein französischer Staatsbürger blieb, ist in Frankreich, inkl. im Elsass, so gut wie unbekannt. Das Städtchen Dannemarie (ca 2000 Einw.) ist auch die Geburtsstätte der Radikalfeministin Monique Wittig (1935-2003).

[6] Adolf Strübe (1881-1973) war im Ersten Weltkrieg als Soldat in Waldighofen einquartiert und hatte Katz' Eltern befreundet. Strübe war damals schon ein bedeutender Maler und Bildhauer der Avant-Garde, mit Ausstellungen an den angesehendsten Gallerien in Berlin. Er leitete die Kunstbewegung „Badische Secession." Seine Aesthätik brachte ihn auf einen frontalen Kollisionskurs mit den Vorstellungen der Nationalsozialisten und 1934 wurde er, im Widerstand gegen diese, zum Anführer der „Berliner Secession." In der Aktion gegen "Entartete Kunst," wurde sein Gemälde 'Rote Brücke' durch die Nazis vom Kunstmuseum Freiburg beschlagnahmt and vernichtet. Sein ganzes jeweiliges Lebenswerk ging in der Zerstörung seines Ateliers während der Bombadierung von Berlin verloren. Es bleiben von ihm Wandgemälde, Bleiglasfenster und monumentale Tierskulpturen in Berlin und Basel erhalten. Nach dem Krieg, verfolgte er ruhig seine Malerlaufbahn in Baden, meistens in Aquarelle, und lehrte.

[7] In den Worten des Historikers Nicholas Goodrich-Clarke, bedeutete *Völkisch* die "nationale Kollektivität, beseelt von einer gemeinsamen schöpferischen Energie, gemeinsamen Gefühlen und Eigenartssinn. Diese metaphysische Eigenschaften sollten die einzigartige kulturelle Essenz des deutschen Volkes definieren." *The Occult Roots of Nazism: Secret Aryan Cults and Their Influence on Nazi Ideology* (1985) New York University Press.

Vereinsamung des modernen Menschen."[8] Als Maler behandelte Burte die idyllischen badischen Landschaften, aber auch deren Zerstörung durch den „Fortschritt."
Burte erkannte sofort die Authentizität und dichterische Gabe in Nathan Katz und er war einschlaggebend in Katz' Entschluss, auf Elsässisch eher als auf Hochdeutsch zu dichten.[9] Burte fand sogar Kunden für Katz' Textilien in seiner Nachbarschaft in Lörrach, damit er ihn öfter zu sehen bekam. Er lud ihn zum Essen *Zum Hirschen* und bereiste mit ihm die badischen Weinkeller. Er wurde Katz' Mentor in der alemannischen Welt. "Nathan Katz heißt der Dichter und er ist einer... Ob er in ergreifenden Versen sagt, wie der Krieg als schauerliche Gestalt sein liebes Heimatland verwüstet, oder die Geranien am blitzblanken Fenster eines Mädchens besingt, immer ist er der bescheidene, aber wache Dolmetsch echter Gefühle, empfindet mit dem Volk identisch und vermag Wärme und Freude auszustrahlen." "Er hat von vielen gelernt," fügt Burte hinzu, aber „seine eigene Note ist klar und rein."[10]

Die Freundschaft währte ein Jahrzehnt. Im Gegensatz zu seinem Bruder Adolf Strübe[11] versprach sich Hermann Burte dem Nationalsozialismus mit fataler Begeisterung. Sein verdrängter Antisemitismus übereilte ihn. Der Bruch fand in 1930 statt, als Burte Katz zu verstehen gab, dass er ihn nicht mehr treffen wollte. „Es entstand ein Dialog, vor allem über Weltanschauung, in dem Nathan Katz sein Recht als Jude verteidigte – kein böser Dialog, eher ein gewisser Meinungsaustausch. Nathan ging. Nach einigen Schritten draußen, rief Burte Nathan Katz zu, anzuhalten, ging ihm entgegen und sagte reumütig und freundschaftlich: ‚Lieber Freund, die Freundschaft soll weiter bestehen! Er könne kommen, wann er

---

[8] Klingt nach Heidegger? Die Völkische Ideologie war dem Philosophen keineswegs fremd:
https://www.academia.edu/8163404/Heideggers_Volkisch_Ontology
[9] Raymond Matzen: „Der Markgräfler Hermann Burte und der Sundgauer Nathan Katz." In: *Das Markgräfler-Land*, Band 2/1999, herausgegeben vom Geschichstverein Markgräflerland e.V. Schopfheim.
[10] *Der Markgräfler*, 20 Juli 1930; *Karlsruher Tagblatt*, 24 Juli 1930.
[11] *Siehe* Fn oben.

wolle.'"¹² Wir wissen nicht, ob sie sich wieder trafen. Das Ende der Beziehung war es allerdings nicht.

Im Elsass kultivierte Nathan Katz, stets der kongeniale Mensch, intensiv die heimische Künstlersszene – verfasste er doch seine *Annele Balthasar* gezielt für seine Freunde des ETM, weitgehend eine Amateurtruppe. Zwischen 1923 und 1926 war Katz Teil einer intellektuell anregenden und tatkräftigen Gruppe junger, avantgardistischer, elsässischer Künstler die ein junger Industrieller von Altkirch, René Jourdain, um sich scharte und die sich in der elterlichen Villa, „Le Château," trafen. Unter ihnen befanden sich die expressionistischen elsässisch-französische Maler Robert Breitwieser und Arthur Schachenmann, der Kupferstecher André Jacquemin, der surrealistische Dichter Maxime Alexandre, die Malerin und Bildhauerin Jeanne Bergson, Tochter des Philosophen, der Pastor Frédéric Hoffet, später Autor einer sehr dienlichen *Psychoanalyse des Elsass*;¹³ sowie, durch Katz einbezogen, der angehende ganz junge Dichter Eugene Guillevic.

Guillevic, später einer der bedeutendsten französischen Surrealistiker, war damals noch ein Schüler an der Altkircher Lehrerhochschule. Er war ein geborener Bretone, sein Vater war als *Gendarme* in Ferrette (Pfirt), im Sundgau, stationiert. Er traf Nathan Katz auf seinem täglichen Schulweg im Bummelzügchen, das zwischen Ferrette und Altkirch verkehrte. Der fünfzehnjährige fiel leicht für Katz' Charme und würde immer seiner Begegnung mit ihm die Erweckung und Ermutigung seines eigenen dichterischen Triebes anrechnen. „...Ich wusste, dass er ein wirklicher Dichter war, ein großer. Er sprach seine Gedichte für mich. Er kam nach Ferrette mich zu besuchen. Ich habe Tage mit ihm in Waldighofen verbracht und einmal, den Yom Kippur

---

¹² Raymond Matzen (siehe oben). Matzen (1922-2014) war ein Professor für Dialektologie an der Universität Straßburg und selber ein alemannischer Dichter. Er war auch ein Herausgeber von Katz' Dichtung. Er war sowohl mit Katz als mit Burte befreundet. Die Geschichte vom Bruch zwischen den beiden aber kam Matzen durch Dr Alfred Ruppé, ein Vertauter von Katz, wahrscheinlich in einer vorsichtigen Fassung.

¹³ Frédéric Hoffet: *Psychoanalyse des Elsass*, Illustrationen von Tomi Ungerer, Morstadt, A; Deutsche Erstauflage (15 Sept. 2021); *Psychanalyse de l'Alsace*, Editions Alsatia (1951).

(den jüdischen 'Langen Tag') mit ihm mit den Juden in Durmenach. Meistens war es im Züglein, dass wir uns unterhalteten. Katz ging oft nach Mulhouse. Er erzählte mir viel von der neueren deutschen Dichtung (Dehmel, Rilke...) und auch von Rosa Luxemburg und Karl Liebknecht, die er bewunderte. Alles in allem, war er mein erster Zuhörer-Leser und Ratgeber... Er ist eine der schönsten Gestalten, die ich gekannt habe – und, seit jener Zeit, bin ich so vielen Leuten begegnet, unter ihnen, den berühmtesten Dichtern unserer Zeit..."[14] Guillevic lernte Elsässisch, damit er Katz' Gedichte lesen konnte. Eine lebenslange Freundschaft erfolgte.

Dieselbe Rolle des dichterischen Erweckers spielte Katz für den noch jüngeren Jean-Paul de Dadelsen, der „erste bedeutende elsässische Dichter französischer Sprache."[15][16] Auch er war Schüler an der Lehrerhochschule in Altkirch. Er traf ihn, den Sohn eines Sundgau Notars, „bei Freunden in Hirsingue..." sagt Katz. „Er war jung, grossgewachsen, schlank... ein schöner Junge. Wir sprachen von Literatur. Ich habe ihn noch vor Augen. Seine Augen strahlten in gesunder, jugendlicher Begeisterung... Von diesem Tag an kam er oft zu mir nach Waldighofen, wenn ich zurück von langen Reisen in die Ferien kam. Er kam zwei, drei Mal in der Woche und verbrachte den Abend mit uns. Er deckte die sechs Kilometer zwischen Hirsingue und Waldighofen mit dem Fahrrad und radelte zurück um die zehn Uhr. Er kam sogar bei schlechtem Wetter, bei Regen und Wind. Ohne Foulard oder Halztuch, den Hemdkragen weit offen..."[17] Jean-Paul de

---

[14] Brief an Victor Hell, 27. Dezember 1976.
[15] *Siehe* Hell
[16] De Dadelsen (1913-1957) wurde ein dekorierter Offizier im Zweiten Weltkrieg, ein Mitglied der Forces Françaises Libres um Charles de Gaulle in London, dann ein Journalist an Albert Camus' *Combat,* wo er seine ersten Gedichte veröffentlichte, und ein Korrespondent der BBC. Er wurde ein leidenschaftlicher Befürworter europäischer Vereinigung und war ein naher Mitarbeiter von Denis de Rougemont und ein Assistent von Jean Monnet. Er starb in Alter von 46 Jahren an einem Hirntumor. Sein Werk: *Jonas,* éditions Gallimard, 1962, 1986, 2005; *Goethe en Alsace,* 1982, 1995; *La Beauté de Vivre, Poèmes et lettres à l'oncle Eric,* éditions Arfuyen, 2013.
[17] Baptiste-Marey: « Katz et Dadelsen, deux poètes et le Sundgau. Témoignage à plusieurs voix, » in: *Altkirch et le Sundgau, Bulletin de la*

Dadelsen sowohl wie Eugène Guillevic übersetzten Gedichte von Nathan Katz ins Französische.

Katz verbesserte sein Französisch und lehrte sich selber English, und obendrein Provençal, damit er Frédéric Mistral im Original lesen konnte. Er entwickelte eine Leidenschaft für den schottischen Dichter Robert Burns, dessen Ergebenheit zur Freiheit, all-umfassender Eifer für die Menschlichkeit und Verachtung aller Kleinstaaterei ihn in die Nähe von Friedrich Schiller – und auch Hebels - rückte. Neben Burns und Mistral übersetzte Katz ins Elsässische Gedichte von Shakespeare, Edgar Allan Poe, Browning, Kipling, Jean Maragall, Sandor Petöfi... nur um zu beweisen dass "die Dichterfürsten der Weltliteratur dasselbe in der bilderreichen, klangvollen sundgauer Mundart hätten sagen können."

In 1930, das auch das Jahr der *Ardwibele* und seines Bruches mit Burte war, brachte er seinen ersten Gedichtsband auf Elsässisch heraus. Seine Stimme wurde vernommen, in der alemannischen Welt und weiter. Karl Walter verkündete, in der *Basler Nationalen Zeitung:* "In ihm besitzt das Elsass seinen reinsten Dialektlyriker." Und weiterhin, „das besondere an Nathan Katz ist dies: dass er seine menschliche Einstellung auch in seine Dialektdichtung hineintragen kann... Trotzdem bleibt seine Dialektdichtung rein künstlerischer Ausdruck der Seel- und der Empfindungswelt seiner sundgauer Landsleute." [18]

Für das *Elsass-Lothringische Jahrbuch* der Universität Frankfurt gehören seine Gedichte "zum Besten, was alemannischer Dichtergeist bisher erschaffen... Das neue Werk braucht sich vor keiner Kritik zu scheuen. Es wird jeder sachlichen Beurteilung standhalten." [19]

Société Industrielle de Mülhausen, # 794, 1984.

[18] K. Walter, *National-Zeitung Basel,* 22 Juni 1930; *Elsass-Lothringische Mitteilungen,* 22 Juni 1930. Siehe auch: *Weltstimmen,* Heft 9, September 1930, Stuttgart; Heinrich Zerkaulen in: *Kölnische Volkszeitung,* 7 November 1930; *Elsass-Lothringische Mitteilungen,* N 25, 22 Juni 1930, Berlin-Freiburg-im-Breisgau; *ibidem,* n 5014 Dezember 1930, 12. Jahrgang; *Heimatstimmen,* Berlin, 20. Juni, 1930 (S. 420); 20. November 1930 (S. 652).

[19] *Elsass-Lothringisches Jahrbuch,* 10. Band, 1931, herausgegeben vom Wissenschaftlichen Institut der Elsass-Lothringer im Reich an der Universität Frankfurt a/Main.

Nathan Katz arbeitete zu jener Zeit als Geschäftsvertreter für die schweizerische Metallwerke Dideros und, von 1926 an, für die in Mülhausen ansässige Société Alsacienne de Construction Mécanique (SACM). Er tourte Europa (Deutschland, Österreich, die Czechoslovakei, die Niederlanden) und verkaufte Maschinerie für die Textilindustrie.[20]

Mit der Wirtschaftskrise von 1929 verlor Nathan Katz seine Stellung als die meisten seiner Kunden Pleite gingen. Sein Freund, der straßburger Illustrator und Verleger Henri Solveen machte ihn mit dem Industrialisten und Kunstfreunden Adolphe Ancel bekannt, der Erbe einer krisenbeständigeren Lebensmittelfirma under Lizens von Dr Oetker. Katz wurde als einer von 20 reisenden Geschäftsvertreter angestellt und pendelte Monatelang zwischen Südfrankreich und Nordafrika, aber auch durch die Schweiz, Österreich und die Niederlanden. Er gewann um die 3000 neue Kunden über ein kleines Jahrzehnt. So anziehend eine Persönlichkeit war der Poet, dass die Kunden Protestschreiben an die Firma schickten wenn er von ihrer Route versetzt wurde; Ancel musste Erklärungen und Entschuldigungsbriefe liefern.

Während diesen langen Reisen, in Zügen und auf Boote schreibend, in Hotelzimmern und auf Kaffeehaus-Tischchen, akkümülierte Katz langsam einen neuen Schatz elsässischer Gedichte, und verfolgte beharrlich seine sundgauer Themen von Leben und Tod, von Erde und Liebe, von Krieg und Wunder. Drei Bücher sollen ihn überall auf seinen Reisen begleitet haben: die *Predigten* des Buddhas, Goethe's *Faust* und Ernest Renans *Vie de Jésus*. "Dort entdeckte er, als Jude," meint Raymond Matzen, "den romantischen Pantheismus, die orientalische Gelassenheit und die christliche Nächstenliebe." ‚Entdeckte' ist sicher überstreckt, waren diese ihm doch mannigfaltig zugekommen, spätestens zur Zeit als Alfons Bechlen mit seinen Lehrbüchern ihn mit der Weltdichtung vertraut machte. Die philosophischen und kulturellen Werte, die er seit seiner Kindheit

---

[20] SACM produzierte zudem Lokomotiven, Druckereimaschinen, Schusswaffen, Dieselmotoren, Krähne... Sie gebar Alsthom und Alcatel. Sie baute das erste französische Atomkraftwerk at Marcoule, und jenes von Dimona in Israel...

eingesaugt hatte, sagt Matzen, "die war er jetzt bereit auf Elsässisch mit dem ganzen schöpferischen Vermögen eines Weltbürgers auszudrücken." "Das Regionale sollte nicht auf Kosten des Universellen gehen: in der Tat, es gelang ihm, seine menschliche Erfahrung und Einstellung in seine Dialektdichtung hineinzuwirken, ohne den künstlerischen Ausdruck und die Empfindungswelt derselben zu verzerren." [21]

Der Ausbruch des Zweiten Weltkrieges fand Nathan Katz zufällig in Périgueux und er meldete sich gleich am ersten Tag zur Wehrpflicht. Er wurde abermals mobilisiert und nach Philippeville, Algerien, geschickt. Da er fast fünfzig war, wurde er im Juli 1940 entlassen und "in seine Heimstätte zurückgeschickt" - nur dass er dort nicht hingehen konnte, da Hitler einmarschiert und das Elsass an das Dritte Reich annektiert hatte. Den Juden war es ausdrücklich verwehrt, ins Elsass ein- oder zurückzukehren. Katz ging nach Limoges, in der französischen Freien Zone, die sogenannte Vichy Republik, wohin Adolphe Ancel seine Fabrik verlagert hatte. Ancel, im Ersten Weltkrieg ein Opfer von Giftgas wovon er sich nie ganz, weder psychisch noch physisch, erholen konnte, verübte Selbstmord unter der Belastung. Ancel war Katz' Freund und Beschützer gewesen. Nach seinem Tod wurde Katz, in Übereinstimmung mit den neuen anti-jüdischen Vichy- „Gesetzen," summarisch entlassen. Die Vichy Behörden stempelten JUIF auf seinen Reisepass, wodurch er erwerbsunfähig wurde und was ihn im besten Falle zu einem Leben in Verstecken und Armut verurteilte, wenn nicht zum Abstransport und Tod in einem Konzentrationslager. Seine Schwester war aus dem Elsass zu ihm geflohen. Die Geschwister, deren Eltern kurz vor dem Krieg gestorben waren, wurden als Juden enteignet und das Elternhaus in Waldighofen wurde zu einem Versammlungslokal für die Hitlerjugend. Wahrscheinlich in einem Augenblick von Irrsinn unterlief dann Nathan Katz ein schwerer Faux-Pas, der sein Ende hätte bedeuten können - verständlich vielleicht durch seine Naivität, was das Vorhaben der Nazis gegen die Juden betraf - er war dabei nicht allein – oder auch durch die Verzweiflung, die die Ausgrenzung aus seiner Heimat und Sprache ausgelöst haben muss, und seine Entrüstung über die

---

[21] Raymond Matzen, *siehe oben*.

Enteignung seines Elternbesitzes und den Verlust seines Lebensunterhaltes.

Hermann Burte, jetzt am Gipfel seines Einflusses, hatte sich diskret durch Vermittlung eines Malers, Lucien Bienaepfel, nach Nathan Katz' Befinden erkundigt, was man ihm doch zu Ehren rechnen muss. In Antwort darauf, schrieb ihm Katz einen langen Brief der ihm hätte teuer zu stehen werden können. Er bat Burte um seinen Schutz, schwer auf ihre gemeinsame "Alemannität" pochend, bat ihn, sich für ihn einzusetzen, damit ihm *„in [s]einer Heimat das uneingeschränkte Heimatrecht"* zuerkannt werde. *„Nur Sie können mich verstehen, wie es für mich unsagbar schwer wäre, aus meiner alemannischen Heimat herausgerissen zu werden, wo ich mich mein ganzes Leben hindurch nur als Alemanne gefühlt habe, wie mein ganzes Wesen und Schaffen stets und nur im Alemannentum verankert war: im tiefsten Wesen und Blut der Heimat. (...)"* Oy, oy, oy!

Katz bat Burte sogar, bei Gauleiter Robert Wagner in Straßburg einzuschreiten, damit ihm sein Haus zurückerstattet werde. Burte gab keine Antwort. Es war das beste, was er für Katz hätte tun können, da das geringste Auffallen die Aufmerksamkeit der Gestapo auf Katz gezogen hätte.[22][23] Gauleiter Wagner verordnete im Oktober 1940 die Deportation 20.000 elsässischer Juden in die Freie Zone Frankreichs, wo sie fast alle im Lager Gurs eingesperrt wurden, wonach die meisten nach Drancy deportiert, und wiederum die meisten nach Auschwitz und anderen Todeslagern verschickt wurden.[24] Zur selben Zeit wurden einhunderttausend Einwohner des Elsasses aus dem Lande verwiesen.

Katz verbrachte die nächsten vier Jahre versteckt und in Armut in Limoges, aber er und seine Schwester überlebten unentdeckt. In Limoges traf er den jungen Dichter Georges-Emmanuel Clancier, der sich später erinnerte, wie sie einander die Worte des Dichters Patrice de la Tour du Pin zur Gegenwart brachten: „'Alle Länder die keine Sagen mehr haben sind verurteilt, vor Kälte zu sterben.' War es, damit

---

[22] Raymond Matzen, *Ibid.*
[23] Man nimmt an, dieser Brief wurde Burte von Bienaepfel übermittelt, nicht der Post anvertraut ...
[24] Es gab nur ca 800 Überlebende.

wir dadurch die tödliche Kälte, die auf Frankreich lastete, vergessen sollten? Nathan Katz und ich tauschten Sagen aus unseren Provinzen."
Nathan Katz hatte auch die Gelegenheit, den Dichter Paul Valéry zu treffen, der nach Limoges zu einem Vortrag kam. Vor dem Konferenzsaal, erzählte Katz Yolande Siebert, marschierten deutsche Soldaten auf. Der Lärm der Stiefel und Trommeln deckte ab und zu Valérys Stimme. Als die Parade vorbei war, stand Valéry auf und feierlich deklamierte er Versen von Racine und die Menge brach in einen Sturm des Beifalls aus."Es ist mir immer vorgekommen," sagt Yolande Siebert,"wenn ich Katz zuhörte, wie er diese Szene mit einer bestimmten Leidenschaft erzählte, dass er in ihr so etwas wie die Apotheose der Dichtung sah, der Triumph des Geistes über die Macht von Dummheit und Gewalt." „Diese dramatische und erhabene Atmosphäre… prägte dauerhaft seine Empfindsamkeit."[25] Racine galt für Katz als der grösste französische Dichter.

Als er 1946 ins Elsass zurückkehrte, erhielt Katz durch den Mülhauser Bürgermeister Auguste Wicky eine für ihn ideal geeignete feste Stelle als Bibliothekar an der Stadtbibliothek. Im Jahre 1948, im Alter von 56 Jahren, heiratete er die zwanzig Jahre jüngere Françoise Boilly aus der Normandie, eine Enkelin des napoleonischen Generals Foy und des Porträtmalers Louis-Léopold Boilly. Françoise hat nie gelernt, die Dichtung ihres Mannes zu lesen, behauptete aber immer, dass sie diese nach dem Gehör erkennen konnte, da sie eine feine Musikerin war.

Nathan Katz' Ruhm erreichte einen Höhepunkt in der Mitte der fünfziger Jahre. Zu Anfang stand die wunderbare Wiederentdeckung der Partitur der *Ardwibele*, mehr als ein Jahrzehnt nach dem Tod des Komponisten Leo Justinus Kauffmann, als eine Baüerin sich bei seiner Witwe Gabrielle meldete und ihr einen Stoss Dokumente überreichte, die Kauffmann ihr während des Krieges anvertraut hatte, wohl unter dem Einfall einer Vorahnung, und die sie auf ihrer Farm wiedergefunden hatte. Die *Ardwibele*-Oper wurde wenige Monate

---

[25] Yolande Siebert: *Nathan Katz, Poète du Sundgau*, Société Savante d'Alsace et des Régions de l'Est, Collection: Grandes Publications, tome XV, Librairie Istra, Strasbourg, Paris, 1978. Yolande Siebert ist die unbestrittene frühe Expertin in Sachen Nathan Katz.

später in einer französischen Übersetzung von Prof. Ernest Georges Will, Freund von Kaufmann und ein bedeutender Nahost Archäologe, als Rundfunkoper vom Straßburger Sender *Radio Strasbourg* produziert und ausgestrahlt. Eine andere Rundfunkbearbeitung, auf Schwäbisch-Alemannisch, wurde vom Süddeutschen Rundfunk produziert und auch über den Deutschlandfunk in Berlin gesendet.
In 1958 brachte das ETM in Mülhausen eine erfolgreiche Neuinszenierung der *Annele Balthasar* und im selben Jahr erschien Nathan Katz' neues Gedichtband: *Sundgäu. O loos da Rüef dur d'Gàrte.* ("...Oh, lausch doch auf den Ruf durch die Gärten"). Er nahm wieder Briefkontakt auf mit dem nunmehr verfemten und ausgeschlossenen Hermann Burte. Ein warmer Briefwechsel mit gegenseitigen Einladungen erfolgte, aber Burte starb bevor ein Wiedersehen stattfinden konnte.
Späte Ehren kamen Nathan Katz' zu, wie der Oberrheinische Kulturpreis 1966;[26] die Einladung als Ehrengast am Hertinger Hebelschoppen 1968 in Baden, ein jährliches, mit badischem Wein berieseltes Bankett zu Ehren Johann Peter Hebels; in 1977, nahm er die Grosse Goldbretzel des Instituts der Völkischen Künste und Traditionen des Elsass entgegen.
Nathan Katz hätte nicht in einer schwierigeren Zeit geboren werden können, ein elsässischer Dichter zu sein, zwischen allen Stühlen zweier mächtigen Kulturen sitzend, zur Zeit ihrer ärgsten Verfeindung, und obendrein noch als Jude: da war die Annexion durch Deutschland in 1871, dann zwei Weltkriege sozusagen vor seiner Haustür und eine neue Annexion, und dazu der Nazismus, Vichy und der Holocaust. Es hätte nicht dazu kommen müssen. Schiller und Burns, Hebel, Goethe, Mistral, und seine geliebten Bücher über Buddha und Jesus, waren Leuchtbaken, die in die rechte Richtung wiesen, und Katz verlor sie fast nie aus dem Auge. Mit Gedichten und zwei Schauspielen hat Nathan Katz bescheiden und diskret die Geschichte überwunden.

---

[26] Dieser Preis wurde von der Johann-Wolfgang von Goethe Stiftung in Basel verliehen, finanziert durch den Hamburger Industrialisten Alfred Toepfer um Künstler und Forscher der Kulturgeschichte des Oberen Rheintals zu ehren. Er bestand von 1966 bis 1995, als er wegen politischen Kontroversen eingestellt wurde.

Als alemannischer Dichter muss er im Feld der deutschen Literatur seiner Zeit geortet werden. Ein Hermann Burte ist heute unlesbar. Nathan Katz klingt glockenrein und hallt immer weiter und lauter. Von den schwülstigen Ideologien eines Burte hat ihn ein dreifacher Panzer bewährt: sein Judentum, seine französische Angehörigkeit, sein authentisches Volkstum, alle in ihm tiefverwurzelt.

Er starb im Hasenrainspital in Mülhausen am 12 Januar 1981, 89 Jahre alt, an einem Herzversagen.

Die Hexenverfolgungen

"Um die *Annele Balthasar* zu schätzen braucht man weder mit der Geschichte der Hexenverfolgungen noch mit Nathan Katz' sinnlich-erdiger Sprache vertraut zu sein, und doch haben wir es hier nicht mit einfacher literarischer Fiktion zu tun," sagt Prof. Jacob Rogozinski.[27] Wir zitieren und übersetzen hier aus seinem Aufsatz in der bei Arfuyen erschienen französischen Übersetzung des Stückes:[28] "Nebst der unmittelbaren Inspiration die [Nathan Katz] im ersten Hexenprozess der Anna Balthasar von Weiler fand, der in der geschichtlichen Wirklichkeit stattfand – in Altkirch, in 1589 – hat er auch akkurat die allgemeine Atmosphäre von Verdacht, Denunzierung und Terror die zu jener Zeit im Elsass und in anderen Teilen des Heiligen Reiches herrschte, beschrieben. Seine Schilderung des "Malefizgerichtes" und des Verhaltens der Bauernschaft, die Anschuldigungen, die gegen Annele angeführt werden, Donis Anspielungen an die "eminenten Gelehrten" deren Schreiben die Hexenverfolgungen befeuerten: all dies ist völlig im Einklang mit

---

[27] Professor für Philosophie an der Marc Bloch Universität Straßburg. Verfasser von: *Ils m'ont haï sans raison. De la chasse aux sorcières à la Terreur*, Cerf, "Passages" (2015); *The Logic of Hatred: From Witch Hunts to the Terror*, Fordham University Press (2024); *Le moi et la chair: introduction à l'ego-analyse*, Cerf (2006); *The Ego and the Flesh: An Introduction to Egoanalysis (Cultural Memory in the Present)* Stanford University Press (2010); *Djihadisme : le retour du sacrifice*, Desclée de Brouwer, 2017.

[28] *Annele Balthasar*, ins Französische übersetzt von Jean-Louis Spieser, zweisprächige Französisch-Elsässische Auflage, Editions Arfuyen, 2018.

historischer Wahrheit... Der heutige Leser mag den Kopf in Unglauben schütteln, wenn er erfährt dass es möglich war, am Ende des Sechzehnten Jahrhunderts unschuldige Bauernfrauen allein auf den Beleg von Denunziationen und Gerüchten auf den Scheiterhaufen zu bringen. Und doch ist dies historisch richtig. Es ist nicht möglich, die Zahl der Opfer dieser Hexenverfolgungen, die während zwei Jahrhunderten durch Europa wucherten, genau festzulegen. Die Zahl von 100.000 Opfer – überwiegend Frauen – die von Historikern vorgebracht wird scheint nicht übertrieben zu sein. Man stellt sich oft vor, dass die Grosse Verfolgung in entfernter Zeit, im dunkeln Mittelalter, unter dem Joch barbarischen Aberglaubens stattfand. Arg daneben: es wurden nie mehr Hexen verbrannt als in der Zeit von Descartes... Die letzte Hinrichtung einer "Hexe" fand in der Schweiz in 1787 statt... Es ist schwierig, zu verstehen, was diesen Wellen der Verfolgung den Anstoss gab und ebenso schwierig herauszufinden, wie sie zu Ende kamen. Historische Forschung ermöglicht es, deren Anfänge und Entfaltung zu orten. Sie erschien zuerst im Norden der Schweiz, in der Umgebung von Basel, in der Nähe jenes Sundgaus wo Annele ihr Leben verbringen würde. Um die 1420-1430 erscheint ein Glauben an eine "satanische Sekte," die abscheulichen Riten fröhnen sollte und die Vernichtung der Christenheit heranbringen wollte. In früheren Jahrhunderten hatten die Kirche und die kultivierten Eliten Volksmähren von nächtlichen Zusammenkünften in denen sich Zauberer und Hexen auf Besenstiehlen trafen um den Kultus des Satan zu feiern kaum ernst genommen. Unverzüglich zwingt sich nun dieser Mythos auf mit der Stärke eines Glaubensartikels. Welche, die beharren, die Existenz des "Hexensabbats" zu leugnen, werden selbst der Heresie bezeiht und enden auf dem Scheiterhaufen, wie dieser „ehrwürdige und gelehrte Priester," den Doni in ergreifender Weise evoziert. Frankreich bleibt einigermassen von den Hexenverfolgungen erspart, ausser gewisser Grenzregionen wie Lothringen, Flandern und das Baskenland. In Italien, Spanien und England bleiben die Verfolgungen begrenzt und sporadisch. Andererseits, werden sie ihren Höhepunkt im Heiligen Deutschen Reich erreichen, in Städten wie Köln, Würzburg und Bamberg, wo mehrere Tausend Hexen binnen ein paar Monaten hingerichtet wurden; man sagte sogar, dass in etlichen Dörfern in Schwaben oder Baden keine Frauen mehr übrigblieben, da sie alle verbrannt worden waren... Im Elsass wurden zahlreiche Prozesse durchgeführt, die an die 2000 Opfer auf die Scheiterhaufen brachten. Heute noch kann man in Städten wie Sélestat, Rouffach, Châtenois, Kaysersberg und Thann die "Hexentürmen" sehen, wo diese bedauernswerte Frauen gehalten und gefoltert wurden, bevor sie vor Gericht gebracht wurden. Gelehrte und intellektuelle Eliten die nun, in großer Mehrheit, an die Realität des Sabbats glaubten, spielten eine führende Rolle in der Verbreitung der Verfolgungen. Von den frühesten Zeiten der Großen Verfolgung wurden ausgiebige Traktaten in Dämonologie veröffentlicht, die die „satanische Sekte" denunzierten und zu deren Ausmerzung durch alle möglichen Mittel aufriefen. Einer der bestbekannten ist der *Malleus maleficarum,* der "Hexenhammer," der in Straßburg in 1487 herauskam und der für den größten Teil eines Jahrhunderts als massgeblich galt und als Referenz während den Gerichtsverfahren dienen sollte. ...Der Hauptautor des *Malleus,* Inquisitor Heinrich Kraemer, genannt Institoris, beginnt seine Laufbahn als Dominikaner Prior in Sélestat. Nach der Veröffentlichung des *Malleus,* wird er unermüdlich "Hexen" und "Heretiker" in mehreren Gegenden des Heiligen Reiches verfolgen und sich rühmen, über ein Tausend Frauen auf die Scheiterhaufen gebracht zu haben.... Zugegeben, die Tobsucht der Dämonologen hätte keinen solchen Einfluss haben können wäre sie nicht von den regierenden Mächten aufgefangen und verbreitet worden. Im 15. Jahrhundert führten Kirche und Inquisitoren einen erbarmungslosen Kampf gegen das, was sie „teuflische Heresie" nannten. In den folgenden Jahrhunderten nahmen die Staaten den Kampf von ihnen auf. Bemerken wir, dass es nicht die Inquisitoren sind, die Annele Balthasar richten, sondern die Magistraten eines Zivilgerichts, so wie es mit den meisten Verhandlungen der Großen Hexenjagd auch der Fall war. Diese weltliche Richter werden sich noch unbarmherziger erzeigen als die Inquisition es gewesen war. Diese Politik des Terrors wäre weitgehend unwirksam geblieben, hätte sie nicht einen weiten Rückhalt vom Volke erhalten. Trotz weniger Fällen von Widerstand waren die meisten Bauern und Städtebewohner überzeugt von der Existenz einer böswilligen Verschwörung und der Notwendigkeit, sie auszurotten. So dass sie aktiv mit den Richtern und Inquisitoren zusammen arbeiteten um die sogenanten Hexen anzuprangern."[29]

Die Frage des "Warums" der Hexenverfolgungen ist nicht ohne Versuch auf Antworten geblieben. Ein bedeutender Vorstoss geschah in den frühen 1980, als die deutschen Wirtschaftswissenschaftler und Demographen Gunnar Heinsohn und Otto Steiger in einer Serie Artikel und in ihrem Buch *Die Vernichtung der Weisen Frauen*[30] ihre solide untersuchte These herausbrachten, dass die Hexenverfolgungen als „volkswirtschaftliche" Antwort auf die katastrophale Entvölkerung nach dem Schwarzen Tod und dem grossen Bedarf an Arbeitskräften und Krieger anzusehen sind, nähmlich dadurch, dass sie als einen Kampf gegen das alte Wissen über Geburtenkontrolle, das als Aktionsgebiet der „weise Frauen" bestand, angelegt waren. Deren Ausrottung war entscheidend für den Start der europäischen Bevölkerungsexplosion, die bis in das 19. Jahrhundert anhielt, und die industrielle Revolution, die Kolonisierungen und die Massenkriege antrieb und zur europäischen Weltbeherrschung führte.

Heinsohns und Steigers Buch wurde zur Zeit enthusiastisch, besonders von Feministinen, empfangen, es kam zu einer Titelgeschichte im *Spiegel,* das Buch erreichte 14 Auflagen aber es wurde fast einstimmig von Gelehrten überall verunglimpft, als Verschwörungstheorie gebrandmarkt und nie übersetzt. So etwas wie Geburtenkontrolle habe es damals nicht gegeben, behaupteten „Experten." Alle die Emmanuel Leroi-Ladurie's Meisterwerk geschichtlicher Anthropologie *Montaillou: Ein Dorf vor dem Inquisitor 1294-1324*[31] gelesen haben, wissen daß Kenntnisse über Geburtenkontrolle und kräuterkundige Empfängnisverhütung selbst in den rückständigstens Bauerngesellschaften in Südfrankreich im Mittelalter Gang und Gabe waren. Der grosse Theoretiker des modernen Staates, Jean Bodin (1530-1596), ein völlig rationalistischer Geist, hat selbst ein Buch über Dämonologie veröffentlicht und höchstselbst Hexen vor Gericht verfolgt und auf den Scheiterhaufen gebracht. Sein Motto: „Reichtum gibt es nur an Menschen." Heinsohn und Steiger zeigten statistisch dass in der Folge der Hexenverfolgungen die Zahl der pro Frau

---

[29] Jacob Rogozinski: "La Chasse aux sorcières à l'époque d'Annele Balthasar" (von mir übersetzt) in *Annele Balthasar,* Editions Arfuyen, 2018 (siehe oben).
[30] 1985, 1987, 1989, 2005 März-Verlag.
[31] Propylaen, 1980.

geborenen Kinder während fast drei Jahrhunderten anstieg, im Geleit mit drastisch erhöhten Kindbettsterben Raten, Säuglings- und Kindersterben und Kindvernachlässigung. Als das alte Wissen völlig ausgerottet war, und die Bevölkerungsexplosion im 18. Jahrhundert unaufhaltsam geworden war, haben dann die Verfolgungen „plötzlich" nachgelassen. Heinsohns und Steigers These fängt an, neuen Impetus zu gewinnen, und könnte sich wohl am Ende als eine überzeugende, vielleicht als die bedeutendste Erklärung der Hexenverfolgungen herausstellen. Sie wurden in den Vereinigten Staaten vom Medizingeschichtsforscher John M. Riddle aufgenommen.[32]

Ein Wort über die Religion in *Annele Balthasar:* ich gab ganz beiläufig meine englische Übersetzung der *Annele* einem amerikanischen Freund, Richard Stern, ein Pastorenenkel und -bruder, zu lesen. Er machte eine blitzartige Bemerkung: Doni, sagte er, ist ein Anabaptist. Anabaptismus, dessen Anhänger sich die „Schweizerbrüder" nannten, später die Mennoniten und die Amish, trat im Norden der Schweiz in den Jahren 1520, kurz vor Ausbruch der Bauernkriege (auf die sich Doni in 2. Akt bezieht), und um die Zeit da auch die Hexenverfolgungen mit aller Macht abhoben, in Erscheinung. Und zwar trug sich all dies in diesem selben alemannischen Bereich zu – im Elsass, in Südwest Deutschland, im Norden der Schweiz – sechs Jahrzehnte vor den Ereignissen der *Annele Balthasar*. Die Anabaptistenbewegung erreichte Basel in 1527 und wurde dort streng unterdrückt. Sie verbreitete sich im Elsass im 16. Jahrhundert trotz furchtbarer Verfolgung. An die 600 Anabaptisten sollen allein im Städtchen Ensisheim hingerichtet worden sein. Auf der Walz durfte Doni sicher Anabaptisten und ihrem Glauben begegnet sein. Und so auch Nathan Katz drei Jahrhunderte später auf seinen Wanderungen durch den Sundgau und seinen Schlachtvieheinkaufen, denn die Anabaptisten, obwohl sie nie zahlreich waren, waren vom 17. Jahrhundert an fest im Elsass etabliert.[33] Sie waren als „die

---

[32] John M. Riddle: *Contraception and Abortion from the Ancient World to the Renaissance*, Harvard University Press, Cambridge 1992; John M. Riddle: *Eve's Herbs. A History of Contraception and Abortion in the West*, Harvard University Press, Cambridge 1997.

[33] Als das Elsass mit Frankreich durch die Westphälischen Verträge in 1648

Schweizersekte" im Sundgau bekannt und immer noch leicht verunglimpft zur Zeit von Nathan Katz und selbst noch in meiner eigenen Kindheit dort. Doni ist nicht lediglich das Sprachrohr seines jungen, idealistischen Autoren. Seine Friedens- und Arbeitsliebe, seine leidenschaftliche Bekennung zur Bergpredigt und seine Abneigung gegen Gewalt bezeugen, dass er genauso in der Geschichte verwurzelt ist als die Hexenverfolgungen.

Anne-Marie de Grazia
Stillwater, Oklahoma
August 2024

QUELLEN:
Yolande Siebert: *Nathan Katz, Poète du Sundgau,* Société Savante d'Alsace et des Régions de l'Est, Collection: Grandes Publications, tome XV, Librairie Istra, Strasbourg, Paris, 1978. Yolande Siebert is the undisputed expert on Nathan Katz.
Victor Hell: *Nathan Katz: Itinéraire d'un poète alsacien,* Editions Alsatia, 1978.
Raymond Matzen: „Der Markgräfler Hermann Burte und der Sundgauer Nathan Katz." In: *Das Markgräfler-Land,* Band 2/1999, published by Geschichstverein Markgräflerland e.V. Schopfheim.

---

vereint wurde, wurden die Anabaptisten von den neuen Herrschern verteufelt, grösstenteils wegen ihrem Pazifismus und ihrer Weigerung, Waffen zu tragen. Louis XIV war besonders gegen sie eingenommen. Der holländische Botschafter M. van Beuningen erklärte General Turenne: "...Wir befürchten keinen Aufruhr von Seite einer Sekte deren einen der Glaubensartikel das Verbot ist, Waffen zu tragen. Sie... bezahlen ihren Teil der Staatssteuer und das genügt uns. Mit ihrem Steuergeld bezahlen wir Söldner die uns im Heere weit nützlicher sind als sie uns je sein könnten." Siehe: GAMEO, the global Anabaptist Mennonite Encyclopedia online.

Annele Balthasar

Personen

Annele Balthasar
Vreni Balthasar, Anneles Mutter
Doni, Anneles Schatz
Lüwisle, ein Mädchen von Weiler, Anneles Genossin
Finnele, Marikele, zwei Nachbarskinder von acht und sechs Jahren
Finneles Mutter
Maier (Bürgermeister) von Weiler, Donis Vater
Maierin (Frau des Bürgermeisters) von Weiler
Eine Bäuerin
Ein Bettler
Die 6 Malefiz Richter von Altkirch
Gerichtsvorsitzender
Ankläger
Verteidiger
Gerichtsdiener
Zweiter Gerichtsdiener
1. Magd
2. Magd
Ein Landsknecht

Landsknechte, Mädchen *und* Burschen *von* Weiler, Bauern, Bäuerinnen

Orte der Handlung

Der Erste Akt
spielt zu Weiler im Haus der Vreni Balthasar anno 1589.
Der Zweite Akt:
drei Wochen später, beim Maier zu Weiler.
Der Dritte Akt:
wieder ein Tag später, vor dem Malefiz Gericht zu Altkirch.
Der Vierte Akt:
der Tag danach, am gleichen Ort wie der Erste Akt.

*Es ist nur ein Nachklang
aus unseren Grasgärten
lauer Nächte*

Prolog

Wie ist's zur Kaltnacht oft so still;
Hell flackert noch auf im Ofen ein Scheit;
Der Wind rüttelt draußen am Scheunentor. –
Du denkst an frühere Zeit.

Du hockst und denkst und lauschest in die Nacht,
Zum Fenster hinaus, in die Weite im Schnee.
Du meinst, du sähst, vor ein Paar hundert Jahr'n,
Wie die Leute durchs Dörfchen traben gehn.

Du siehst im Traum noch die Sommernächt',
Wie manch' ein Paar sich gefunden hätt'.
Du siehst ein Mädchen von achtzehn Jahr
Dort auf seinem Totenbett.

Sie haben Blumen auf's Lein'tuch gelegt:
Schneeweiße Lilien und Rosen rot.
Zwei Tage lag sie im letzten Kampf,
Hat sie gegrabbelt mit dem Tod.

Schon gar so lang, vor ein Paar hundert Jahr'.–
Im Ofen flackert hell ein Scheit.–
Der Wind reißt draußen am Scheunentor.–
Du denkst an alte Zeit.

ERSTER AKT

Wohnstube der Vreni Balthasar in Weiler. Niedere Bauernstube.

ANNELE BALTHASAR – VRENI BALTHASAR

Annele Balthasar: etwa 18 Jahre alt, etwas bleich, Haar in Zöpfen geflochten, einfache selbstgesponnene Kleidung: weiter farbiger Rock. Die Ärmel der Bluse aufgestülpt, – einfach, sundgäuisch, bäuerisch. Steht an einem altertümlichen Butterfass mit einem Kolben, und plitscht.

Vreni Balthasar: rüstige Frau, anfangs der vierziger Jahre, stark gebaut, blühendes Aussehen. Mutter Vreni spinnt.

ANNELE
Dir fehlt was, Mutter! Ich glaubte alles, es ist dir nicht wohl.

MUTTER VRENI
Doch!

ANNELE
Du hast es immer so: wenn dir etwas fehlt, sagst du's erst, wenn du schon recht krank bist. Soll ich dir etwas reichen?

MUTTER VRENI
Was denkst du! Es ist mir ja wohl.

ANNELE
Du denkst immer wieder daran, wie sie zuletzt in Altkirch diese Hexe verbrannt haben.

MUTTER VRENI

O, ich seh's immer noch vor mir! Alle Nächte träum' ich bereits davon. - Es ist fürchterlich gewesen!

ANNELE
Du hättest nicht hingehen sollen, Mutter!

MUTTER VRENI
Ich möchte, ich wär' nicht gegangen. - Wie sie geschrien hat, als sie den Scheiterhaufen anzündeten! Wie sie gebetet hat, man solle doch Mitleid haben! Man solle sie doch des Landes verweisen, sie wolle niemals mehr in die Gegend zurückkommen! Man solle sich doch um ihre vier Kinder erbarmen! – Wenn du gesehen hättest, wie sie gerissen hat an den Stricken, als einmal das Feuer nach ihr langte! – es war fürchterlich!

ANNELE
Ich möchte dem nicht zuschauen. Das muss doch ein Ungeheures sein, wenn man so bei gesundem Verstand verbrennen muss.

MUTTER VRENI
Und die war doch so'ne saubere Frau; man hätt's gar nicht geglaubt, dass sie eine Hexe sei.

ANNELE
Ja, ist man auch sicher, dass sie eine war?

MUTTER VRENI
Lug', wenn sie's nicht selber vorm' Gericht gestanden hätte, ich hätt's gar nicht glauben können.

Man hört draußen ein Geräusch.

ANNELE
Ich hab' doch gemeint, es sei jemand' draußen. Der Doni wird doch alle Zeit kommen, heut'.

MUTTER VRENI
Meinen Lebtag seh' ich's vor mir: diese Augen!

ANNELE
Du machst dich noch ganz sicher krank, mit den Grübeleien.

FINNELE, ein achtjähriges Mädchen, streckt den Kopf zur Türe herein.

ANNELE
Ach, du bist's, Kind! Ich hab's doch gehört, dass jemand draußen war!

FINNELE
(Zu Mutter Vreni) Mutter, morgen komm ich mit euch ins Feld!

MUTTER VRENI
Jo, meinetwegen.

FINNELE
Meine Mutter hat schon gesagt, dass ich kommen darf!

MUTTER VRENI *steht vom Spinnrade auf.*
Ich will doch geh'n, das Nachtessen anrichten!

Sie entfernt sich. Finnele eilt zu Annele und will ihr den Kolben des Plitsch Fasses aus der Hand nehmen.

FINNELE
Lass mich ein wenig bumsen!

ANNELE
Nein, ich bin ja fertig jetzt! S'isch schon Anken (Butter)! Wir werden den später herausnehmen.

Annele setzt sich an das Spinnrad.
ANNELE
Komm setz' dich ein wenig neben mich, Kind!

FINNELE
Gell, du singst aber ein Lied!

ANNELE
Ich mag jetzt nicht singen!

FINNELE
Doch, singe!

ANNELE
Was soll ich singen?

FINNELE
Was du willst.

Annele singt, während sie spinnt, träumerisch vor sich hin.

Jetzt treiben wieder die Holunderbusch'!
Und alles fängt zu blühen an.
Da sollte man nicht allein so sein
An diesen schönen Tag'n,
Da sollte man jemand' bei sich ha'n!
Wie liegen die Gassen alle still
Drin alle vergnügt jetzt gehn.
Ich mein', du solltest auch bei mir sein,

Untreuer Bursche, du,
Solltest auch manchmal bei mir steh'n.
Die Amseln hüpfen auf den Wegen.
Du guter Gott! Tut's einem wehe,
Wenn alles so gedeilich ist,
Wenn alles keimt,
Allein herumzugehen!

FINNELE
Du bist so bleich, seit du krank gewesen bist!

ANNELE
Denk', wenn ich gestorben wäre!

FINNELE
Du hättest aber nicht sterben dürfen.

ANNELE
Kind, man ist bald gestorben. Es kann einem keiner zurückhalten.

Beide schweigen.

ANNELE
Warum weinst du denn, Kind?

FINNELE
Ich habe so Angst, wenn ich denke, du wärest gestorben.

ANNELE
Jo, Närrlein, ich lebe ja noch!

FINNELE

Lug', ich habe so Angst, wenn manchmal ein Begräbnis vorbei geht, wenn sie auf diesen weißen Handtüchern den Totenkasten herumtragen. Als sie zuletzt dieses Kind begraben haben, habe ich mich im Schopf unter den Wellen versteckt.

ANNELE
Jo, du Närrlein, ich sterbe doch nicht!

FINNELE
Ja, aber ich habe es gehört, als sie sagten, dass du so schwer krank gewesen bist!

ANNELE
Du siehst ja: ich bin ja wieder gesund!

Man hört draußen jemand die Tür öffnen.

FINNELE
Es kommt jemand.

ANNELE *eilt zur Türe.*
(In Freude) Der Doni!

Sie reißt stürmisch die Türe auf. FINNELES MUTTER *tritt ein.*

FINNELES MUTTER
Nein! 'S ist der Doni nicht!

Annele steht verlegen.

FINNELES MUTTER
Wart' nur, er kommt schon! Diese jungen Mädchen können es ja nicht erleben, wenn ihr Schatz nicht um sie herumhängt.

FINNELE
Mutter, morgen darf ich mit ins Feld. Sicher doch?
FINNELES MUTTER
Ich glaub', du willst gar nicht mehr nach Hause kommen. Du fängst an, mehr beim Annele zu sein als daheim.

ANNELE
Ach, lasst es doch manchmal bei uns sein!

FINNELES MUTTER
Ich kann's schon glauben, dass sie nur bei dir sein will. Du lässt sie auch tun, was sie will. Zu Hause kriegt sie dann und wann ihre Tracht Prügel, wenn sie unbändig ist.

ANNELE
Jo, die ist doch gar nicht unbändig.

FINNELES MUTTER
Ist die Mutter in der Küche?

ANNELE
Ja.

FINNELES MUTTER
Ich will sehen, was sie macht.

Finneles Mutter entfernt sich.– Finnele ist fortgelaufen. Sie holt vom Blumenstrauß auf dem Tisch zwei rote Nelken. Sie klettert auf Anneles Knie und steckt ihr die Blumen ins Haar.

FINNELE
So, jetzt bist du schön.

ANNELE

Ja!? Bin ich's?!

FINNELE
Wenn du gestorben wärest, wärest du eklig! Und dann, das Begräbnis: wenn die Weiber alle schwarze Kleider trügen...

FINNELES MUTTER und MUTTER VRENI kommen aus der Küche.

FINNELES MUTTER
Es ist eben furchtbar, so etwas!

MUTTER VRENI
Unser lieber Herrgott solle alle Leut' behüten davor! Um alles in der Welt möchte ich nimmer wieder dabei sein!

FINNELES MUTTER
Man könnte aber jedes Weibsvolk anklagen, und martern und schlagen, bis sie gesteht, dass sie das alles gewesen ist, und sie dann verbrennen. Wenn der böse Geist einmal die Macht über einen einnimmt, ist's schwer, ihn wieder herauszutreiben. Wenn man vielleicht die geweihten Sprüche dafür wüsste! Wenn man vielleicht gleich geweihtes Salz und Wachs zu sich nähme, hab' ich einmal gehört... Aber unsereiner weißt halt gar nichts.

MUTTER VRENI
Als ich über den Roggenberg ging, konnte man noch den Rauch über die Dächer aufsteigen sehen. Man konnte die Menschen johlen hören. Ich möchte auch wissen, was sie Schönes daran finden, dass sie eilen zuzuschauen! Was für eine Freude kann man daran haben, anzusehen, wie ein anderer Mensch in Schmerzen leidet!

FINNELES MUTTER
(Zu Finnele) Komm jetzt, Kind, wir gehen. Ich hab' noch Arbeit.

FINNELES MUTTER und FINNELE entfernen sich. MUTTER VRENI geht, in Gedanken versunken, zur Küche zurück.

ANNELE *sinnend*
So möchte ich jetzt sein... dass er jetzt kommen würde... ich möchte ihn an mich reißen! Ich möchte ganz still neben ihm sitzen, und nur zuschauen, wie es Nacht um uns würde. Wie die Heiligen an der Wand, und die Blumen am Fenster und der Schrank und's Bett ineinander verschwinden... O! Wenn es still wird in den Gassen draußen... wenn Mädchen und Burschen beieinander sitzen und singen und lachen...

DONI ist unterdessen unbemerkt eingetreten.

DONI
Da bin ich ja, Kind!

ANNELE *wirft sich Doni aufjubelnd an den Hals.*
Doni! Ein Schöner bist du aber! Einen ganzen Tag lässt er sich nicht sehen! Und wie ich die ganze Zeit gearbeitet habe: an der Backmulde bin ich gestanden, gejätet hab' ich im Garten!... Wenn's was zu arbeiten gibt, lässt er sich nicht sehen! Einen ganzen Tag kommt er nicht zu seiner Liebsten!

DONI
Hast du lange Weile gehabt?

ANNELE
Ja, und wie! Denke doch: ein ganzer Tag!...

DONI
Du wirst doch nicht so viel an mich gedacht haben!

ANNELE
Glaubst du, ich sei wie du, der nicht an einen denkt! – Du warst wahrscheinlich bei einer schöneren, als ich bin!

DONI
Du weißt ja, dass es im ganzen Lande keine schönere gibt, als du bist.

ANNELE *lacht in Freude auf.*
Geh' doch, Fuchser!

DONI
Ja, ist's nicht die Wahrheit?!

ANNELE
Als du auf der Walz warst, dann erst hast du Mädel getroffen... Solch ein armes Bauernmädchen, wie ich, natürlich... Schau nur, wie ich angezogen bin: so ein alter Kittel...

DONI
Man kann doch nicht jeden Tag Jahr'stagskleider tragen.

ANNELE
Wenn man nicht das ganze Jahr hindurch zu putzen und zu schaffen hätte!

DONI
Siehst, die ganze Zeit habe ich eben nur ganz an dich gedacht.

ANNELE
Und was wirst du dir auch gedacht haben?

DONI
"Jetzt steht es beim Kamin!" hab' ich gedacht. – "Jetzt hängt es im Grasgarten die Wäsche auf!... Ist sie nicht ein schönes Mädchen?! – Alle Küchenfenster, die auf's Feld hinausschauen, glitzern jetzt auf, vor Freude!... – Jetzt begießt es die Geranien am Fenster!" hab' ich manchmal gedacht. "Wie rot die Geranien sind!" – Und nachts, manchmal, wenn ich aufwachte, hab' ich gedacht: "Jetzt schlaft's unterm Leinwanddeckbett. Wie dick jetzt ihre blonden Haare auf dem Kissen liegen!... Nun lacht's im Traum!" Gejauchzt hab' ich als, in die Finsternis hinein. – Willst du noch mehr wissen?

Annele ist während der letzten Worte Donis still dagesessen. Sie versinkt in Grübeleien.

DONI
Warum bist du so traurig, Kind?

ANNELE
Ich bin ja nicht traurig.

DONI
Du hast etwas!

ANNELE
Es ist ja nur, weil ich dich so gernhabe!... Ich könnte ja gar nicht einmal leben ohne dich!

DONI
Du liebes Mädchen!

ANNELE

Wenn ich manchmal an dich denke, und du nicht hier bist, dann ist mir die Zeit so lang. Dann denke ich manchmal: wenn du nur kämest! Und wenn du da bist, dann werde ich auf einmal so lustig, und dann traurig, und dann wieder lustig, und dann wieder traurig, und dann wechselt es ab ein tausend Mal, und dann möchte ich nichts als lachen und greinen, all zur selben Zeit, nur weil ich dich gern habe... Ist's bei dir auch so, Lieber?

DONI
Ach, natürlich ist's bei mir auch so!

ANNELE *schlägt nach ihm; jubelnd*
O Du!

DONI
Ach, natürlich; ich habe dich ja auch gern!

ANNELE
Dann erzähle doch: hast du mich auch immer gerngehabt?

DONI
Ach, so lange! Lange bevor ich auf die Walz ging. Und wenn du vorbei gingst, bin ich manchmal in der Scheune oder im Schuppen gestanden, und dann hätte ich überlaut in Jubel ausbrechen mögen. Wie die Zwetschenbäume zurzeit blühten in den Gärten an der Straße, ganz über den Weg beugten sie sich! Und du kamst dann hindurch gegangen, durch dieses Blühen und Glitzern. Man hätte glauben können, alles würde rund um dich jauchzen vor Glückseligkeit... Eine Prinzessin, warst du!

ANNELE
Und du bist nie zu mir gekommen, und hast kein Wort zu mir gesprochen! Ausgewichen, bist du mir manchmal!

DONI
Ja, und ich dachte an dich!... Und wünschte ein tausend Mal, nur so bei dir sein zu dürfen... nur für ein Weilchen!... Und dir alles zu sagen... und dann gingst du wieder vorbei, in deinem einfachen Röckchen... Alles blühte feuriger in den Gärten; alle Fenster blitzten auf noch lauter... ein Jubeln war's über alles! – Danach war ich so verwirrt. – Und dann blieb ich allein irgendwo in einem Schuppen stehen und greinte mir's Herz aus...

ANNELE
Und du wusstest nicht, dass ich deinetwegen vorbeiging!... – Und an einem schönen Tage hätte ich einen anderen zu meinem Schatz haben können... Können Buben doch so dumm sein! – Ja, was hättest du dann getan, wenn ich einen anderen geheiratet hätte?!

DONI
Ich wüsste nicht, was geschehen wäre...

ANNELE
Und ich wäre eines anderen Frau gewesen!... Und ich wäre zusammen mit einem anderen fürs Leben... Und du wärst zurückgekommen aus der Fremde, und hättest nur zuschauen können, wenn wir manchmal vorbeigefahren wären mit dem Heuwagen und miteinander gearbeitet hätten! *(Auflachend)* Ja, was hättest du denn getan, dann?

DONI
Manchmal hätte ich mich auch vielleicht bezwingen können. – Aber ich glaube, das Herz hätte doch manchmal aufgeschrien! – Meinst du, es hätte mich nicht manchmal nachts in die Finsternis hinausgetrieben... Und dann wäre ich vielleicht für eine Weile vor eurem Haus gestanden, und hätte gesehen, wie hell eure Fenster sind, und hätte vielleicht deine Stimme gehört,

wie du gelacht hättest, wie du froh gelaunt! Ich glaube, es wäre fürchterlich gewesen!

ANNELE *froh lachend*
Und ich hätte gelacht, drinnen, und nicht einmal etwas davon gewusst, dass du leidest meinetwegen!

Man hört ein Geräusch draußen.

DONI
Hör. 'S ist jemand draußen?!

ANNELE
Ja, ich glaub' auch so!

Annele geht die Türe öffnen; ein BETTLER tritt ein: älterer Mann, zerlumpt, die abgehärmten Züge und das blasse, eingefallene Gesicht zeugen von tiefem Elend.

BETTLER
Um unseren guten Herrgotts Wille, ich bete euch um ein kleines Almosen.

ANNELE
Habt ihr schon etwas zu Abend gegessen?

BETTLER
Nein, noch nichts, Mädel!

ANNELE
Setzen sie sich, ich will ihnen etwas holen!

Der Bettler setzt sich. Annele kommt zurück mit einer Schüssel Milch und einem Stück Brot.

ANNELE
Da, kommen sie zu Tische.

Der Bettler rückt seinen Stuhl zum Tisch. Er bricht mit zitternder Hand das Brot und isst. Annele hat sich wieder zu Doni gesetzt. Sie kichern miteinander. Doni streicht Annele über das Haar. Annele lacht hell auf. – Der Bettler hält mit Essen inne.

ANNELE
Schmeckt's euch nicht?

BETTLER
Verzeiht! Immer, wenn ich junge Leute sehe, kommt mein ganzes Elend wieder über mich!

ANNELE
Sie müssen wohl etliches durchgemacht haben?!

BETTLER
Ich musste ja auch nicht mein ganzes Leben so verlumpt herumlaufen, und elend! – Die Verzweiflung würgt einem schier den Hals zu, wenn man darüber nachdenkt.– –

ANNELE
Erzählt uns doch!

BETTLER
Ich hab' auch mal mein Haus gehabt, und meine Frau!... Wir sind auch manchmal, als ich noch auf Buhlschaft ging, zusammengesessen, so wie ihr, und haben miteinander gekichert und gelacht. – Sie wurde meine Frau, und wir haben miteinander gearbeitet. – Ein hundert Mal im Tag, wenn ich manchmal in der Scheune war, bin ich zurück nach ihr in die Küche gelaufen, um ein Weilchen mit ihr zu sein... um sie einen

Augenblick anzusehen. – Und wir haben hell aufgelacht: "O, wir sollten doch gar nicht voneinander weichen müssen!"

ANNELE
Und ist sie denn gestorben, eure Frau?

BETTLER
Mehr als das! Verrückt sollte man werden!... Verbrannt haben sie sie mir!

ANNELE
Verbrannt?!

BETTLER
Hier, hier haben sie sie geholt... und haben sie zu Altkirch vor's Gericht geführt: eine Hexe, sei sie!... Einen Stall hätte sie verhext! Einer habe in der Kirche während der Weihnachtsmesse durch einen Eggenzinken geblickt, und hätte gesehen, wie sie hinter sich geschaut habe, weil sie den Altar nicht hätte anschauen können. – Gepeinigt haben sie sie mir und gemartert, bis sie gestand, dass es alles so war... Dann haben sie sie zu Altkirch, draußen vor der Stadt, verbrannt. – Mich haben sie eingesperrt einen Monat im Turm, dann ließen sie mich laufen.

DONI
Aufschreien möchte man vor Elend, wenn man so etwas hört!

BETTLER
Ich weiß nicht mehr, wie ich leben konnte. – Vier Wochen lang bin ich wie ein wildes Tier im Wald herumgelaufen. Wenn ein Mensch kam, bin ich ihm ausgewichen! Überlaut habe ich aufgeheult, wie ein kleines Kind! Stundenlang bin ich auf dem Boden gelegen, und habe die Hand in den Grund gebohrt! Auf

den Platz ging ich zurück, wo sie sie verbrannt hatten, and habe ihren Namen gerufen, hundert Mal, tausend Mal, und meinte, es konnte nicht wahr sein, es konnte nicht! Sie müsse wieder kommen – – Dreißig Jahre sind es nun!...

ANNELE
Dreißig Jahre!

BETTLER
Und ich bin rumgelaufen, gebrochen in den besten Jahren. Arbeit war mir verleidet. – – Für wen hätte ich auch schaffen sollen?! Das Feld lag brach. – – In der Stube, in der Küche war's so traurig!... Alles stand verlassen da! – Dann bin ich in die Fremde fort. – – Wer hätte es denn zu Hause noch aushalten können, da wo alles an sie erinnerte!

ANNELE
Welch Elend!

BETTLER
Es währt nicht nur zwei Jahr'! Es währt lange! Das ganze Leben!

ANNELE
Das glaub' ich, dass man so etwas nicht schnell vergessen kann.

BETTLER
Man geht Land ab und Land auf und überall sieht man Leute, die auf dem Feld arbeiten, und Leute die lustig sind, und unser Herz möchte zerbrechen! Das war manchmal das Schrecklichste: diese Frühlingsnächte, diese bösen, lauen, schönen Nächte. Da liegt man und staunt – und lauscht, und draußen riecht alles so gut – und draußen ist Frühling! – Frühling. – Alles keimt und grünt, und Tierchen laufen einander nach, und ein Würmchen dem anderen, und alle Gärten stehen voller Blumen, und alle

Fenster, und alle Kirchhöfe! – Und dann denkt man, sie hat nicht einmal ein Grab, mit ein paar Blumen drauf. – Und so liegt man, und verbeißt die Zähne und weint. – Und man denkt daran, wie alles so schön war, und wie sie in grausamen Schmerzen verscheiden musste, denkt man, – und wie alles gewesen wäre, wenn man so hätte miteinander leben können! – Man versucht manchmal, sich zu bezwingen: "Ich meine, ich könnte jetzt einmal Meister werden über mich!" – Und frägt sich, ob man nicht endlich gescheit geworden wäre! – Aber es nutzt alles nicht: das Herz muss sich ausheulen. Weh hat's mir manchmal getan! Weh getan!

DONI
'S ist fürchterlich!

Der Bettler steht auf. Annele gibt ihm noch zwei Eier und ein Stück Brot.

ANNELE
Da, nehmen sie das noch mit auf den Weg.

BETTLER, *abgehend*
Gott vergelt's euch vielmal, Mädel!

DONI
Ist es nicht manchmal, als sollte man wie ein Sturm in alles reinfahren! Man müsse es aufnehmen mit aller Schlechtigkeit, mit aller Niedertracht, mit aller Dummheit! O, das aufzunehmen mit ihnen auf Leben und Tod, bis zum letzten Tropfen Blut! Es wären ihrer viele: Tausende, Millionen!... Ihre Übermacht wäre allzu groß!... Man müsste untergehen!... Und doch... nachts liegt man und dreht sich und kann nicht schlafen, als wie wenn einer einen zu Hilfe rufe, einer der geplagt ist und im Verderben, der sich nicht mehr wehren kann!... Der einen um barmherzige Hilfe

ruft... Aufschreien möchte man manchmal!... Fürchterlich liegt die Finsternis, die Nacht über ihnen! – – Es wird einmal einer kommen, ein Großer! Er muss kommen!... Die Welt kann doch nicht so in Verzweiflung verbleiben!... Ich seh' ihn schon sitzen in seiner stillen Kammer! Sich martern und denken, die ganze Nacht! Ganz in Mitleid für die Menschen, die so in Elend untergehen. Alle Verzweiflung ihres Lebens wird sein Herz zusammenkrampfen!... Und die Menschen hören sein Wort, sie speien auf ihn! Sie speien, wenn sie nur seinen Nahmen hören!... – Aber er hört ihr böses Gerede nicht einmal, so hängt er in Liebe zu den Menschen!... Alles, was er sagt, ist so groß, so gut; – es zwingt ihre Herzen doch! Die Herzen von Millionen!... – Keine Scheiterhaufen werden mehr brennen! Kein Seufzer wird mehr absterben an den feuchten Wänden einer Folterkammer! Wie ein Glanz wird es über die Welt kommen!

ANNELE
So komm doch zu mir! Wir wollen doch nichts anders, als beisammen zu sein! Wir wollen doch nur miteinander leben, und miteinander schaffen. Wir wollen ja nur unsere Stube haben, und unsere Kammer, und unsere Feuerstelle, und unser Bett! Ist es nicht alles, was wir haben, vom Leben, für diese Paar Stunden, wenn wir hier beieinander sein dürfen...

Annele umarmt Doni. Sie stehen schweigend. Es dunkelt. Es läutet Betzeit draußen.

ANNELE
Ich habe dich so gern! So gern!... O, so komm doch näher!... Jetzt bist' mein... ganz... für alleweil!... Ich hab' dich doch so gern!... So sollte man sein können: ganz ineinander aufgehen, ganz eins sein... ein Körper, eine Seel'... eins in alle Ewigkeit hinein!

Sie umarmt Doni stürmisch.
Sie stehen eine Weile schweigend.

DONI
Siehst, wie die Zwetschenbäume in Blüte stehen?!... Im Herzen innen, riecht man sie!... Wie ganz stille das Dörflein liegt!... Hörst du, wie ganz nah im Wald die Käuzchen schreien!...

ANNELE
Liebster, bist du auch so glücklich?!

Sie stehen schweigend ans Fenster gelehnt.

ANNELE
Jetzt ist der Rosenkranz zu Ende! Jetzt kommen sie aus der Kirche! Jetzt setzen sich bald alle vor die Häuser und halten Feierabend und ruhen sie, und erzählen und lachen und singen sie Lieder...

DONI
Die Menschen sind besser bei schöner Nacht! Man würde gar nicht meinen, dass es bald wieder Tag würde! dass das Elend so gleich wieder über die Menschen kommen wird.... das Zusammenwuchern, – der Neid, das böse Geschwätz, die Freude daran, wenn ein Nachbar ins Elend gelangt!... Wenn's doch nie Tag würde!...

ANNELE
Ich halte ja zu dir, auch wenn alle Welt in Schlechtigkeit versänke!

DONI
So möchte ich leben, mit dir, mein Leben... Hier, in der Heimat!... Und hier zu haben unser Haus, und unsere Stube und unser Bett. Und zusammen unsere Kaltnächte halten, wo ein

Feuer gute Wärme spendet, und in unseren Sommerabenden vor der Haustür sitzen und horchen, wie im Dörfchen irgendwo die Burschen und Mädchen ihre alten Lieder singen, und miteinander kichern und lachen... Und so möchte ich für dich schaffen, und froh und frei durch die Gassen gehen, und den Kopf hochhalten!... So... mit dir... hier, in der Heimat!

Pause.
Es ist einstweilen dunkler geworden. MUTTER VRENI bringt ein brennendes Kienspanlicht und stellt es auf den Tisch. Annele schaut selig versunken in die Flamme.

ANNELE
So ist es so schön, beieinander! Es ist einem so wohl, so! Wie heimelig die Lichter flackern im Finstern.

Sie liegt ihr Gesicht beglückt auf Donis Hände.

ANNELE
Ich habe immer so Angst um dich... wir könnten einmal so jäh auseinandergerissen werden... Als ob dir etwas geschehen könnte!... Einer könnte dem anderen wegsterben... Ich leide manchmal so, wenn ich darüber nachdenke.

DONI
Du liebes dummes Mädchen! Warum immer machst du dir solche Gedanken?!

ANNELE
Ich kann nichts dafür; aber es fallen mir solche bösen Dinge ein!... Das kommt vielleicht nur davon, dass mein Herz so an dir hängt... Man sollte doch immer so beieinander sein dürfen. Du, Lieber, du!...

Mutter Vreni kommt hereingeeilt.

MUTTER VRENI
Was das nur sein soll?!... – Die Altkircher Landsknechte sind im Dorf... Sollten sie jemanden vor Gericht bringen wollen? *(Sie eilt ans Fenster. Nach einer Weile:)* Sie kommen die Straße herauf!... Wo sie wohl hingehen wollen?!... Sie kommen aufs Haus zu!!

ANNELE *aufstehend, erschrocken.*
Hier, auf's Haus zu?!

Man hört Stimmen draußen. Die Türe wird aufgerissen. Landsknechte treten ein.

LANDSKNECHTE
Da ist sie, die Hexe!

Sie gehen auf Annele zu.

ANNELE
O du barmherziger Herrgott im Himmel!!

DONI
Was wollt ihr von dem Mädchen?!... *(Die Landsknechte stoßen ihn zur Seite und wollen Annele fassen. Doni stürzt sich in Verzweiflung zwischen Annele und die Landsknechte. Aufschreiend:)* Weg von diesem Mädchen, sag' ich!!

Die Landsknechte stürzen sich auf ihn. Handgemenge.

ANNELE
O Gott! Doni! Doni!...

Der Vorhang fällt.

ZWEITER AKT

Beim Maier von Weiler. Grasgarten, dicht voll blühender Apfel- und Birnbäume.
Die Maierin bringt einen Korb Wäsche in den Garten. Sie ist eine Bäuerin um die 50 Jahre alt, stark gebaut, gesundes blühendes Aussehen.

Eine andere Bäuerin kommt den Fußweg daher durch den Garten. Sie hat einen leeren Korb am Arm.

BÄUERIN
Ihr habt eine gar schöne Wäsche, heut'!

MAIERIN
Man muss halt Dinge wieder in Ordnung bringen, solange das Wetter anhält. Ich glaube auch, dass wir's eine Weile schön haben werden.

BÄUERIN
Das Wetter ist auch herrlich, derzeit. Wenn man denkt: wir hatten noch nicht so viele gute Tage, dieses Jahr. Wie schön alles blüht! Wenn kein Frost mehr kommt, dann wird es Obst geben, dieses Jahr, wie schon lange nicht mehr! Ein Segen Gottes, ist's!

MAIERIN
Ich wette, Morgen wird's ganze Dorf in Altkirch sein.

BÄUERI
Das glaub' ich auch! Bei so ne'm Wetter! Und es sind auch schon dreißig Jahre her, dass kein Weibsbild von hienieden mehr wegen Hexerei vor'm Gericht gewesen ist.

MAIERIN
Wer hätte dies geglaubt von diesem Annele. – Jedem anderen Mädchen hätt' ich's eher zugezählt, als ihr! –
BÄUERIN
So kann man sich manchmal irren!

MAIERIN
Und sie hat sich doch wie solch ein braves, gutes Mädchen dahingestellt. – Ich weiß, von wenn sie manchmal zur Kaltnacht kam.

BÄUERIN
Und wie ich's gehört hab', ist euer Doni ihr auch manchmal nachgeschlichen...

MAIERIN
Aber nein! Der wollte nur einmal dort hingehen, bevor er auf die Walz ging. Aber wir haben ihm abgewehrt, und danach ging er nicht mehr.

BÄUERIN
Er soll aber jetzt, seit er zurückkam, schier jeden Abend dort verbringen... Ich sag's ja nur, wie's die Leute sagen.

MAIERIN
Das ist nicht wahr! Nein! Was bildest du dir ein?

BÄUERIN
Ich hab's mir selbst gedacht, dass ihr nie dafür eingegangen wäret.

MAIERIN
Nein! Nein! Das kannst du dir begreifen!

BÄUERIN
Wenn ich noch daran denke: damals, wo sie die Barbara verbrannt haben! Ich war damals gerade fünfzehn Jahre alt. Genau im Haus neben uns hat sie gewohnt... Alle Leute hätten gemeint, sie sei die bravste Seel' in Dorf. Kein Tierchen hätte sie beleidigt... O Gott! Was die alles gestanden hat, vorm Gericht!

MAIERIN
So meint man manchmal...

BÄUERIN
Zehn Jahre lang hat' sie's getrieben. Mehr als ein hundert Mal ist sie auf diesem wüsten, vermaledeiten Hexentanz gewesen. Ein Hagelwetter hat sie gemacht, das uns die ganze Ernte zerschlagen hat!...

MAIERIN
So passiert einem ein Unglück, und keiner weiß, woher.

BÄUERIN
Wenn ich daran denke, wie das Vieh manchmal unruhig gewesen ist, so in der Nacht... wie's manchmal an den Ketten gerissen hat. Es war genau, als käme der Wind das Kamin 'runter gefahren... Vorm Gericht hat sie es dann gestanden, dass sie auf Geheiß des bösen Geistes unser Haus verhext hatte... Und die ganze Zeit hat sie sich gestellt, als sei sie eine Heilige! Alle Leute hätten die Hand ins Feuer gelegt für sie. – So ist es jetzt mit dem Annele! Ich muß schnell noch Gemüslein holen auf dem Acker. 'S ist höchste Zeit, dass ich das Mahl bereite.

MAIERIN
Willst du eine Weile zur Stube kommen, heute Abend?

BÄUERIN
Jo, ich werde sehen!

Die BÄUERIN entfernt sich. Nach einer Weile kommt der MAIER den Fußweg herauf.

MAIERIN
Seid ihr fertig im Feld?! Wo ist der Doni?!

MAIER
Ich glaube alles, wir werden noch etwas erleben, mit ihm!

MAIERIN
Ist er nicht mitgekommen?!

MAIER
Den ganzen Morgen war er wieder in Staunen! Er spricht nicht!... Er sitzt herum. – Wir hätten es nur früher nicht zulassen sollen, dass er diesem Mädchen nachstelle.

MAIERIN
Wir können uns keine Vorwürfe machen! Wir haben's ihm genug verwehrt: er kann sich doch nicht an ein Mädchen hängen, das sie als Hexe verbrennen wollen!

MAIER
Aber er lässt sich nichts gegen sie sagen! Ich glaube alles, dass wir noch böse Dinge mit dem haben werden.

Die MAIERIN nimmt ihren Korb und entfernt sich. Der Maier folgt ihr.

Die Bühne bleibt einige Augenblicke leer.

Einige MÄDCHEN und BURSCHEN kommen das Weglein herauf, vom Feld her. Die Burschen haben Sensen auf dem Arm; ein Mädchen trägt einen Korb mit einem weißen Tüchlein zugedeckt.
Die Mädchen singen.

Jetzt fängt der schöne Frühling an
Und alles fängt zu blühen an

Es blüht ein Blümlein auf dem Feld.
Die Seuche ist schon auf der Welt.

Die Seuch' ist eine harte Buss'
Ich weiß wohl, dass ich sterben muss,

Es kommen vier Männer, die tragen mich raus.
Sie tragen mich auf den Kirchhof hinaus.

Sie begraben mich und decken mich zu,
Dann schlaf ich ein zur letzten Ruh',

Es blühen drei Röslein auf meinem Grab,
O Schätzele komm, und brich sie dir ab.
Das erste ist weiß, das zweite ist rot,
Das dritte steht für den bitteren Tod.

Ein Bursche stößt einen Jauchzer aus. Er fasst eines der Mädchen um die Hüften.

MÄDCHEN *Sie schlägt nach ihm*
Bist' bald ruhig, jetzt!

BURSCHE
Zeig, was anders hast du Gutes im Korb?

MÄDCHEN
Gibt's nichts zu lugen, hier!
(Sie nimmt ihm lachend den Korb weg. Er fasst sie wieder und will sie küssen. Sie wehrt sich lachend und schlägt nach ihm:)
Bist du denn nicht bald ruhig, jetzt?!

Sie entfernen sich lachend. Man hört noch von Ferne lustig ihre Stimmen und die Jauchzer der Burschen.

DONI und LÜWISLE, die Freundin Anneles, kommen den Feldweg daher.

DONI
Also eine Hexe soll sie sein, Lüwisle!

LÜWISLE
Eher wäre die ganze Welt Hexen, als sie eine wäre!...

DONI
Und doch ist sie jetzt dort zwischen diesen feuchten Mauern und verzweifelt und verkommt! Und sieht nichts anderes vor sich als der Tod! Ist das nicht fürchterlich?!

LÜWISLE
Du musst noch nicht verzweifeln. Ich habe immer noch so das Gefühl im Herzen, dass sie wieder zurückkommen wird. Dass es sich doch herausstellen wird, dass sie unschuldig ist...

DONI
Sieh', ich möcht', ich sterbe!

LÜWISLE
Darf man doch nicht gleich verzweifeln!

DONI
Ich grüble die ganze Nacht hindurch! Oft schreie ich auf! Manchmal geh' ich ans Fenster and schreie in die Finsternis hinein.

LÜWISLE
Darfst doch nicht gleich das Schlimmste denken!

DONI
Ich mein', es kann doch nicht sein, dass sie mir sie umbringen!... Für wen habe ich denn gelebt?!... Wofür hab' ich geschafft?... Was ich habe... was ich dachte... über allem lag ein Glanz, weil es für sie war!... – Und nun hat für mich alles keinen Wert mehr!

LÜWISLE
Das arme Mädchen!

DONI
Sieh, Lüwisle, ich dachte manchmal, wir würden hier beisammen leben! Ich wollte hier für sie schaffen! Ich wollte tun, dass sie ihr ganzes Leben glücklich sein sollte! – Und was wird jetzt draus?! – – Sie wird's sicher nicht einmal aushalten, dort, wo sie sie hingeführt haben, da sie doch vor einem Jahr todkrank gewesen ist. – –

LÜWISLE
Aber mach' dir doch jetzt das Herz nicht so schwer; du musst denken, es ist noch nicht alles verloren. Gell, wir wollen die Hoffnung nicht verlieren?!

Sie entfernt sich langsam. Doni setzt sich grübelnd auf einen Baumstamm.

DONI

Wie sie jetzt leiden muss... dort innen... auf einem Häufchen Stroh, dort!... muss sie denn nicht nach mir schreien Tag und Nacht?!... Und ich bin hier.... müßig, und kann nichts für sie tun!... Die Hände im Schoß, muss ich zuschauen, wie sie mir sie umbringen wollen!...

Die MAIERIN kommt.

MAIERIN
Hör' doch, Doni! Lass' deine Mutter doch ein Wort mit dir reden... Du tätest doch besser, dem Vater ein wenig zu helfen, als am heiteren Tage dich da hinzusetzen, und zu grübeln...

DONI
Was hat es denn einen Wert, dass ich arbeite!

MAIERIN
Wenn du halt genug hast, zum leben, ohne zu arbeiten...

DONI
Für wen sollte ich denn arbeiten?!... Die, wofür ich arbeiten wollte, bringen sie mir ja um!...

MAIERIN
Für uns hättest du nicht zu arbeiten!... Wir hätten dich nicht aufgezogen und für dich gearbeitet?!...

DONI
Ja, ihr habt für mich gearbeitet! Ich weiß es! Ich will es euch danken! Aber ich verliere noch den Sinn, die Nacht über. Ich seh' alles so grässlich vor mir!... Wie eine Einöde muss das Leben mir werden, ohne sie!... Schau mal, wenn sie es mir umbringen, an der ersten Buche werde ich mich aufhängen!

MAIERIN
O Gott, haben wir das verdient an dir!...

DONI
Hat sie es verdient, dass man sie so martern sollte?!

MAIERIN
Ich habe es lange vorausgeahnt, dass wir einmal Böses durch dich erleben müssten. Ich habe lange genug auf dich eingeredet, du solltest nichts mit diesem Mädchen zu tun haben!

DONI
Mutter! Wie ein Glanz ist's in mein arm', elendes Leben hineingekommen, dieses Mädchen! Was war ich denn, bevor ich sie kannte?!... Wie ein Engel ist sie zwischen diesen kleinen, rachsüchtigen Menschen herumgegangen.

Der MAIER ist in den Garten gekommen.

MAIER
Wir haben dich gewarnt. Mehr können wir nicht! Wenn du halt nicht hören willst...

DONI
Gewarnt?!... Ist sie denn nicht mehr als ich?!... Ist sie nicht besser als ich, Vater?!

MAIER
An eine Hexe hast du dich verhängt! Du wirst uns ins Verderben reißen!...

DONI
Wie eine Heilige ist sie, Vater, die auf unsere Erde gekommen ist.

MAIER
Wir werden schon sehen, Morgen, vor Gericht!...

DONI
Wie groß sie ist, hoch über eure Rachsucht und eure Schlechtigkeit!

MAIER
Es ist dir nicht zu helfen!

DONI
Nein, es ist mir nicht zu helfen! Ich habe sie doch lieber als euch alle!... Als euch!... Als die ganze Welt! Was wollte sie denn von euch?! An nichts anderes hat ihr Herz gehangen als an einer Stube, wo wir hätten miteinander leben können und glücklich sein, diese Paar Tage, da wir hier auf der Welt sind. Sie wollte ja nur bei mir sein! Sie war so glücklich, wenn sie mir eine Freude bereiten konnte! Sie hatte solche Freude daran, wenn sie jemanden helfen konnte!... Das ist ihr ganzes Verbrechen! – – Was habt ihr ihr dafür angetan! Ihr habt sie hinter finstere Mauern geworfen und wollt sie umbringen! Einen schrecklichen Tod, soll sie sterben! Es ist fürchterlich!

MAIERIN
Bub, ich bitte dich, höre auf deine Eltern!... Wir meinen es doch nicht schlecht mit dir!

DONI
Bin ich nicht manchmal hinter den Schuppen in einem Grasgarten gelegen, und habe aufgelacht, und geweint vor Freude, und habe gar nicht gewusst, warum ich weinte?!... Nur weil sie hier im Dörfchen lebte!... Erst als ich sie kannte, habe ich gemerkt, in welchem Paradies wir leben! Bin ich nicht

manchmal über alle Matten hinausgelaufen und habe mich ins Gras geworfen, und habe vor Freude gejauchzt und geschrien!... Nur weil die Sonne am Himmel stand und auf die Schuppendächer schien! Dass sie das aus mir hat machen können! Dass sie mir solch ein Glück hat bringen können?! Das kann doch nicht von dieser Erde, von uns armen Menschen kommen, dass so etwas einem geschehen könnte!... ein Wunder Gottes ist's!...

MAIER
Du bist aber bös' in sie versessen!

DONI
War ich nicht auch ein kleiner, engstirniger Mensch gewesen, wie sie alle sind, bevor ich sie kannte! Durch sie hab' ich ja erst gespürt, was eigentlich Leben ist! Durch sie habe ich erst klar gesehen, wie sie leben, die Millionen Menschen hier auf Erden! Wie sie sich darum reißen, dass jeder sich einen größeren Stein um den Hals hänge, eine schwerere Kette... so wie die Hunde sich um einen abgenagten Knochen reißen!... Und keiner weiß mehr, wie sie alle glücklich sein könnten, wenn doch nicht einer den andern herunterzerren wollte, für armseliges Blech, für wertlose Steine... O, anstatt dass sie sehen, wie ein Millionenfacher Glanz um sie herum über den Gärten, über den Bergen liegt. Wenn doch alle Pracht und Herrlichkeit für alle Menschen hier vorhanden ist, solange sie selber darin leben und gedeihen! Habe ich nicht manchmal die Nacht hindurch gelegen, und nachgedacht, wie sie so viel besser ist, als ich... und habe manchmal geweint, nachdenkend, und konnte es nicht begreifen, wie man so gut sein kann, wie sie!... Durch sie habe ich gespürt, dass das nicht alles sein kann, dieses Leben hier, mit diesen armseligen, kleinen Händlereien zwischen den Leuten. Es muss doch ein höheres Leben geben! Es muss doch etwas geben: ein Leben, weit entfernt von allem, was wir uns

erdenken können. – – So etwas wie der letzte Glanz der Blüte unserer Gärten... So etwas wie ein Dröhnen, das nachts durch die Balken zittert... sehr entfernt von allem, das wir begreifen können... und doch ein Lebendig sein: so ein Zusammensein in etwas, das ganz Seele ist... in einer großen Liebe...

MAIER
Lass' dich doch zum Verstand zurück bringen!

DONI
Nein, ihr werdet sie nicht aus meinem Herzen reißen! Sie verzweifelt jetzt dort drinnen. Und ihr wollt mich jetzt dazu bringen, dass ich sie verlassen solle, jetzt, da sie im Elend ist! Da sie leidet und tausend mal am Tage an mich denkt!

Die BÄUERIN kommt mit dem Korb Gemüse zurück.

BÄUERIN
Ja, Doni, du solltest auf deine Eltern hören. Sie meinen dir nicht übel! An eine Hexe kann man sich nicht verhängen!

DONI
Wer erdreistet sich denn, etwas über sie zu sagen?!

BÄUERIN
Ich kenne deine Eltern schon, seit wir Kinder waren... Ich mein's doch sicher auch nicht schlecht mit dir. Ich kann doch nicht zuschauen, dass du durch eine Hexe ins Verderben kämmest!... Das ganze Dorf redet ja davon!

DONI
Was wissen sie denn im ganzen Dorf schon über sie?!...

BÄUERIN

Steinigen würden sie sie, wenn sie zugegen wäre! Dass sie einem armen Kind in der Wiege etwas zu leid tun konnte...

DONI
Dass sie einem Kind etwas zu leid getan hätte?...

BÄUERIN
Beim Lütze Peter soll sie einmal zur Stubete gekommen sein! So wie sie angekommen ist, hat das Kind in der Wiege angefangen, zu greinen. Sie ist an die Wiege gegangen und hat das Kind auf den Arm genommen... Vier Wochen lang hat darnach das arme Würmlein zwischen Leben und Tod gegrabbelt, dass unser Herrgott sich möchte darüber erbarmen. Muss nicht ein Mensch einen Stein im Leibe haben, anstatt als ein Herz, um so etwas tun zu können?!...

MAIERIN
Ja gewiss!

BÄUERIN
Muss einen so etwas nicht beelenden!... Und noch vieles andere erzählt sich über sie!... 's ist gut, das es einmal herauskommt. Dass die Fullerer Hexe, die sie jüngst zu Altkirch verbrannt haben, gesagt hat, dass sie zu Fulleren beim Hexentanz gewesen sei.

DONI
Natürlich weiß jetzt jeder im Dorf etwas über sie!

MAIERIN
Dann gehe doch und horch, was die Leute alles sagen, über dein Mädchen!!

DONI

Es soll einer den Mut haben, unter meinen Augen etwas über sie zu sagen!... O, jetzt sehe ich klar in euch!...

MAIER
Laß dich doch um Gottes Willen zum Verstand zurückbringen!

DONI
Jetzt seh' ich's vor mir, alles, was wir schon angerichtet haben, wir Menschen: tausende brennende Scheiterhaufen! Tausend und wieder tausend arme gemarterte Frauen in euren Folterkammern, gefesselt in euren finsteren Türmen!... Jetzt fühl' ich's, was sie gelitten haben, diese viele, viele, wenn sie euch hörten draußen johlen und lechzen! Könntet ihr doch einst deren Todesverzweiflung im Herzen spüren!!... – Man möchte gar nicht mehr leben! Seid ihr denn so sicher, mit euren Hexen?!... Es ist alles eine Verblendung eures armseligen, kleinen Gehirnes!... Jetzt begreif' ich's! Grässlich, seid ihr!

MAIER
Du bringst uns alle ins Verderben mit deinem Reden!

DONI
Die Hand würd' ich ins Feuer legen für sie!

MAIERIN
Mit solchen Reden darfst du nicht kommen!

BÄUERIN
Es hat Hexen gegeben, seit die Welt steht!

DONI
Fast alles in eurem Leben ist nichts als Verblendung, Einbildung!

MAIER

Es gibt Leute, die mehr wissen als du, die sagen, dass es Hexen gibt. Frage doch einen unserer gelehrten Herren, wenn du so gescheit dich wähnst! – – Überhaupt wollen wir solchen Dingen nicht nachgrübeln.

DONI
Eure studierte Herren wühlen in armseligen verstäubten Bücher rum! Immer mehr verdummen sie in ihrem lateinischen Krampf. Und keiner weiß mehr, dass draußen die Sonne fröhlich überm Buchenwald ruht! Keiner weiß mehr, dass es alles ist, diesen Glanz der Gärten in sich zu spüren, während diesen Paar Tage, wenn wir gesund sind, diese Paar Jahre, bevor wir im Grabe vermodern!

MAIER
Es scheint, du weißt mehr als ein Doktor!

DONI
Ich bin gottlob keinen eurer Doktoren, nur ein Mensch, mit einem Herzen im Leib, bin ich!

BÄUERIN *abgehend*
Gott behüte uns, wenn die Ketzer reden!

MAIER
Du bringst uns noch alle in Unmuß mit deinen aufrührerischen Redereien! Seitdem du auf der Walz gewesen bist, hast du nichts anderes im Kopf als die Reden dieses Ketzers, von dem du manchmal sprichst!

DONI
Hättet ihr ihn doch gekannt, diesen Ketzer! Wie ein großer Frieden will mir durch die Seele, wenn ich an ihn denke! Ein ehrwürdiger, gelehrter Herr war er! Auf den Platz ist er

gekommen, wo sie eine Hexe verbrannt hatten. Ein Kreuz hat er vor ihnen aufgehoben, den Leuten, die dort gestanden haben. "Traut ihr euch noch auf Diesen da hinaufzublicken?!" rief er ihnen zu, "da ihr so schlimm verbrecht? All euer Hexenglauben ist Lüge, ist Elend! Kehret euch um, und werdet wieder Menschen!"... Eingesperrt haben sie ihn! Vor's Gericht geführt! Gemartert haben sie ihn, bis er gestanden hat, unter Schmerzen, er habe auf Geheiß des bösen Geistes so reden müssen. Bis er seine Worte, die er in großem Mitleid aussprach, widerrief, und sagte, es gäbe doch Hexen. Wegen Ketzerei haben sie ihn verbrannt draußen vor der Stadt... Ein tausend Mal seither habe ich sein Bild vor mir gesehen! Wie schrie es auf in mir, nachts, nach ihm!... es gab noch einen unter euch, der noch Mensch war, und ihr habt ihn umgebracht!

MAIER
Ich bitte dich, sag' nichts über die Obrigkeiten!

DONI
Die Obrigkeiten sind deinen Bauern gleich. Arme verdummte Menschen sind sie... Dass es doch einmal anders werden könnte!! Geh' denn jetzt zu deinen Obrigkeiten und tu' etwas für sie! Du bist nicht wie ein Vater zu mir!

MAIERIN
Dein Vater meint es sicher nicht schlecht mit dir! Wolltest du doch auf uns hören!

DONI
Nein, ihr seid nicht wie Eltern zu mir!

MAIER

Wir sollten nicht wie Eltern sein!... Das tut weh, wenn ein Kind so etwas zu einem spricht!... Wenn es doch nur alle so gut mit dir meinten, als wir.

DONI
Wollt ihr denn nicht begreifen, wie ich an ihr hänge! So aus meiner ganzen Seele an ihr hänge!... Wirst du denn nichts tun für dieses arme Geschöpf?!...

MAIER
Ich sehe nicht, was ich tun könnte! – –

DONI
Du, als Maier des Dorfes! Geh doch zu diesen Herren! Sag' ihnen, dass du dafür stehst, dass sie nie niemanden etwas zu Leid tat! Das kannst du doch! Dass du mit deinem Leben dafür einstehst, dass sie keine Hexe ist!... Kannst du denn nicht einmal das?!... Wenn ich etwas für sie tun könnte, ich würde bis ans Ende der Welt gehen! Ich bitte dich darum! So gehe doch!

MAIER
Und wenn ich auch gehe! Vor's Gericht kommt sie auf jeden Fall!

DONI
Siehe das Leben um dich herum! Durch Millionen Äderlein fließt es durch die Welt. An den Spitzen der Grashalmen zittert es! Durch alle Büsche, durch alle Zweige bewegt sich der Saft jetzt! Er gärt regelrecht durch sie. Beinahe zerspringt er sie! Alles will jetzt wachsen! Jetzt, da es Frühling ist!... Muss es einem nicht das Herz ergreifen, zu fühlen, wie alles lebendig ist!... Mir schaudert es, nur ein Blatt abzureißen... mit rauer Hand in Lebendiges hineinzugreifen! Mir scheint, es müsse eine Ader der Welt dadurch sich aufreißen!... Und ihr wirft sie, die ich am

liebsten habe, die das Herrlichste von allem, zwischen dunkle Mauern, und ihr wollt sie mir umbringen, wenn sie doch ein Recht darauf hat, mit mir zu leben für ein Paar Jahre in diesem Glanz...

MAIER
Vor'm Gericht wird es sich schon herausstellen, ob sie unschuldig ist.

DONI
Seh' ich denn die Welt anders, als ihr sie sieht?!... Über allem Denken euer, über Allem, was ihr tut, was ihr schafft, über aller Freude euer, über allem Elend, das ihr einander antut, – über allem Blühen der Gärten, über allem Quälen in euren finsteren Türmen, höre ich schwer die Zeit treten in Richtung Ewigkeit... die ganze Zeit... wie eine Uhr... Ist das nicht das tiefste, das wir begreifen können: dass alles lebt und alles vorbei zieht.

MAIER
Es mag halt vieles geben, was wir Menschen nicht begreifen.

DONI
Habt ihr Ihn denn nie gesehen, gerade so vor euch – wie's das Evangelium sagt – dort beim Berge stehen und predigen: "Hilft einander! Plaget doch einander nicht!"... Wolltet ihr doch nur danach leben!! Denk dir es doch: der Frühling hier im Dorfe, wenn die Häuser unterm Blühen der Bäume begraben sind, wenn es liegt wie ein Glanz über alle Schuppendächer, alle Küchenstüflein!... der Sommer, wenn in brühend warmer Luft der Weizen reift!... Der Herbst, wenn die Blätter fahlen, wenn man jagen geht und sammeln; – wenn ein jedes Haus so still im Nebel dasteht, man würde glauben, es denkt ganz einsam über sich selbst nach!... Diese Winter, wenn man Tag in, Tag aus, die Flegel klopfen hört!... Wär's nicht ein Himmel, dies Dörfchen,

wenn sich die Menschen nicht so gegenseitig martern und plagen würden.

MAIER
Das ist alles schön und gut, aber ein Recht muss doch sein.

DONI
Es ist weit her, mit eurem Recht!

MAIER
Da kann keiner darüber etwas sagen... Es bestehen unsere Gesetze! Wir haben unsere Richter, die ehrenwerte Männer sind: Maier aus den Dörfern hier... Es muss eine Gerechtigkeit bestehen!

DONI
Ich seh' sie vor mir, eure Gerechtigkeit! Da unten zu Lupstein liegen tausende unserer Väter umgebracht; zu Dammerkirch liegt der Kirchhof voll; zu Oberlarg... da liegen sie und faulen noch fürs Recht! *(Spöttisch)* Alle sind ja fürs Recht umgekommen! Es krampft sich einem das Herz im Leib zusammen, wenn man an einem Kirchhof vorbei wandert. Was ist alles für ein Verderben in die Welt gekommen, für das, was ihr Recht nennet! Was für Verbrechen habt ihr nicht begangen, im Nahmen eurer Gerechtigkeit?!

MAIER
Du wirst uns alle ins Unglück bringen!

DONI
Armseliges Volk!... Ist denn keiner mehr zu Händen, wenn es gilt, ein arm' unschuldiges Kind aus den Mörderklauen herauszureißen!

MAIERIN
Willst du uns denn mit Fleiß ins Elend werfen? Weißt du nicht, die Wände haben Ohren?
MAIER
Wir sind deine Eltern! Wir wollen nicht durch dich ins Verderben kommen! – Wenn du so aufrührerisch sprichst, hast du bei uns nichts mehr zu suchen!

DONI
Was können sie mir tun, eure Herren?! Hier steh' ich! Gegen alle Ungerechtigkeit, gegen das ganze Elend unserer Zeit!... Was könnt ihr mir antun?! Ich kann nur sterben! Es ist zum Verzweifeln, diesem Leben unter euch beizuwohnen. Wenn ihr sie umbringet, könnt ihr mich gleich umbringen obendrein! Das geht ja zusammen!!

MAIERIN
Um Gottes Willen, Doni!...

MAIER
So revoltieren wie vor siebzig Jahren unsere Väter, meinst du vielleicht?!

DONI
Alles revoltieren ändert gar nichts, wenn ihr nicht Menschen werdet! Wenn euer ganzes Elend aus der Welt geschafft wäre! Wenn eure Doktoren alle eure Krankheiten könnten heilen, so dass es nur noch Gesunde gäbe,... wenn all' eure Mühe um euer täglich Brot nicht mehr wäre,... in eurer Seele würdet ihr euch wieder tausend und tausend Bilder schmieden, von Dingen, die gar keine Wirklichkeit haben, die weiter nichts sind als ein Traum, und würdet einander darüber Quälen, und ins Grab bringen... Vor siebzig Jahren, unsere Väter: die Sensen haben sie von der Wand genommen! Frei wollten sie sein! Was wurde

daraus?! Blut und Feuer und Verderben im Land! Wären sie doch zum ersten in ihren Seelen frei gewesen; sie alle zum ersten gute Menschen gewesen, die wussten, was sie haben wollten!... so hat ja nichts daraus werden können!... *(Begeistert:)* O, ich seh' sie schon vor mir, eine Zeit... ein anderes Revoltieren: in Millionen Herzen redet's! In Millionen wird die Liebe lebendig! Sie spüren, dass Mensch wieder zum Menschen gehört! Wie ein Glanz liegt's über der Welt! Der Bauer führt seinen Pflug über das Feld, damit Brot für alle wachse! Der Weber schafft Kleider... So lebt der eine für den anderen, brüderlich!

MAIERIN
So wär's schön... ja... wenn's so wär'!...wenn's so sein könnte!

DONI
Durch die Dörfer möcht' ich laufen! Durch die Städte! Aufschreien möchte ich! Tausende möchte ich um mich haben... mit blitzenden Augen! Hundertausende! Aus ihren Klauen möchte ich sie reißen! Runterfegen möcht' ich den, der meinem Schatz etwas antun möchte!... – und doch, ich möchte keinem Menschen was zu Leid – Ich gönne ihnen doch allen das bisschen Sonne das sie anscheint, während diesen Paar Tagen, da sie in der Welt sind!... Gegen wen müsste ich denn gehen?! Gegen die Richter?! Die Maier der Dörfer hier?!... Nein, gegen alle Menschen müsste ich gehen,... gegen Millionen... gegen unsere ganze Zeit!...

MAIER
Komm, mache mir mein Kleid bereit! Ich will fort!

MAIERIN
Wo willst du hin?!

MAIER
Ich gehe nach Altkirch. Vielleicht dass ich doch noch etwas tun kann für's! – –

Der MAIER und die MAIERIN entfernen sich. Doni schaut ihnen einige Augenblicke versunken nach.

DONI
Er geht. – – Vielleicht ist es doch nicht so, dass sie alle so rachsüchtig sind! Dass sie so tief herabgesunken sind! – – Sie muss doch wieder zurückkommen, da mein Herz so nach ihr aufschreit, Tag und Nacht!!...

Vorhang

DRITTER AKT

Malefiz Gericht in Altkirch. Gotischer Saal.

1. MAGD
Die Herren werden wohl bald kommen.

2. MAGD
Wir wollen auch die Fenster schließen.

An der Tür, die nach dem Flur geht, erscheint MUTTER VRENI. Sie trägt bäuerische Sonntagskleidung. Sie tritt über die Schwelle; sie schaut sich ängstlich und verstört um, dann verschwindet sie wieder im Flur.

1. MAGD
Die Frau ist noch draußen.

2. Magd
Schon seit vier Uhr heute Morgen steht sie vor der Tür und wartet.

1. Magd
Es ist die Mutter der Hexe.

Man hört Stimmengewirr und Gejohle draußen.

1. Magd
Ich glaube, aus allen Dörfern kommen die Leute, um anzuhören.

2. Magd
Ganz Altkirch ist auf den Beinen.

1. Magd
Wenn die nicht bald die Türen aufmachen, werden sie sie auch noch einschlagen, so aufgeregt sind sie.

2. Magd
Die haben doch nicht alle Platz im Saal.
Sie entfernen sich.
Ein Gerichtsdiener tritt ein. Er ist gefolgt von Mutter Vreni, die sich ängstlich umschaut.

Gerichtsdiener
Hier können sie sich für eine Weile auf die Bank setzen. Die Herren Richter werden wohl bald vorbeikommen.

Mutter Vreni
Herr...! Kann man auch reden mit den Herren...

Gerichtsdiener
Setzen sich hier für eine Weile, bis sie kommen.

MUTTER VRENI
Herr...! Sind denn alle verbrannt 'worden, die sie als Hexen hier gebracht haben?!
GERICHTSDIENER
Stille! Sie kommen!

Die RICHTER treten ein. LANDSKNECHTE postieren sich an den Türen.

MUTTER VRENI
Ihr Herren! Habet doch Erbarmen mit meinem Kind!

GERICHTSVORSITZENDER
(Zum Gerichtsdiener, schroff)
Wer hat die Frau hier hineingelassen?!...

Alle sehen sich schweigend an.

GERICHTSVORSITZENDER
Führt sie aus dem Saal heraus und bewachet sie, bis die Verhandlung zu Ende ist.

MUTTER VRENI
Ihr Herren...!

Sie wirft sich vor dem Vorsitzenden nieder. Der Vorsitzende entfernt sich. Landsknechte fassen sie und führen sie fort.
Die Flügeltüren öffnen sich. Volk strömt ein und füllt die Bänke.
Die Richter setzen sich an die Richtertische.
Die 6 Malefizrichter. – Der Vorsitzende. – Der Ankläger. – Der Verteidiger. – Zuhörer.

GERICHTSVORSITZENDER

Richter vom Malefiz Gericht, ihr schwöret vor dem allmächtigen Gott der Wahrheit in Gerechtigkeit zu richten, Recht widerfahren zu lassen und böse Tat zu bestrafen!

RICHTER *die rechte Hand in die Höhe haltend.*
Wir schwören!!

GERICHTSVORSITZENDER
Richter vom Malefiz Gericht, die ihr geschworen habt vor dem allmächtigen Gott, ich fordre euch auf, Urteil zu sprechen über Anna Balthasar von Weiler.

Zwei Landsknechte bringen ANNELE. *Annele ist von der Haft im feuchten Gefängnis bleich, halb im Wahnsinn. Die Kleider hängen zerfetzt an ihr. Sie lacht stoßweise vor sich hin.*

Geflüster unter den Zuhörern.

GERICHTSVORSITZENDER
Anna Balthasar von Weiler! Du bist angeklagt, du hättest dich dem tausend mal vermaledeiten Teufel verschrieben. Auf sein Geheiß hast du allerhand böse Dinge den Leuten deines Dorfes angetan. Auf sein Geheiß hast du Gott verleugnet und hast du am wüsten, unzüchtigen Hexentanz auf dem Fuchsberg zu Fulleren teilgenommen. Wir Malefizrichter zu Altkirch fordern dich auf, darüber die Wahrheit zu sagen!

ANNELE
Dieses Licht! Dieses viele viele Licht! Gott im Himmel! Ein Glanz!... Millionen Engel rund um einen!...

ANKLÄGER
Hier könet ihr schon hören, wie der böse Geist aus ihr spricht, um einen zu verwirren.

GERICHTSVORSITZENDER
(Zu Annele) Du sollst jetzt hier Antwort geben auf unsere Fragen! Du gestehst, dass du dich dem bösen Geist verschrieben hast, und dass du zu Fulleren auf dem Fuchsberg auf dem Hexentanz gewesen bist.

ANNELE
Sieben Richter sitzen zu Gericht... die Jahre laufen... die Jahre gehn... sieben Totenköpfe faulen im Boden!...

GERICHTSVORSITZENDER
Du sollst reden, was man dich frägt!...

ANNELE
Aber ich bin ja nur ein armes Weilerer Mädchen... Jetzt wollt ihr mir Weh tun... mit euren rauen Händen! *(Plötzlich aufschreiend)* Muss das fürchterlich sein im Grab!... In der Feuchtigkeit dort unten!... Nicht einmal das!... Beim lebendigen Leib zu verbrennen!

GERICHTSVORSITZENDER
Wenn ist der böse Geist zu dir gekommen? Antworte jetzt!

ANNELE
Zum Fensterlein ist er gekommen... Seist nicht so wild, du lieber Bub... was, wenn eine Scheibe zerbricht... was meinst, dann! *(Lacht auf)* Sei doch nicht so wild!... – Eine Nelke hast' mir vom Fensterbrett gestohlen!... O du Gescheiter du! Du wolltest nur, dass ich hinaus kommen sollte, um dich zu schelten!... Ich hab' es doch gewusst!

GERICHTSVORSITZENDER
Du warst manchmal auf dem Hexentanz!

ANNELE
Ich hatte keine Ruhe mehr, Tag und Nacht!... Gebrüllt hat er nach mir! Gejauchzet hat er über die Scheunendächer! Die Bäume hat er zerrissen! Ich lag so warm unter'm Deckbett!... Ich, schönes Annele!... Ich lag wach,... Wie er manchmal schöne Dinge gesäuselt hat von draußen, als wie wenn eine Luft durch eine Menge Pfingstrosenstengel weht!... Ich habe ihn gehört, die ganze Nacht! Ich weinte in die Kissen hinein!...

GERICHTSVORSITZENDER
Du bist mit auf den Fuchsberg gefahren!

ANNELE *auflachend*
Juchu!! Juchu!! Durch die Nacht sind wir geritten... durch's Kamin... auf'm Besenstiel! Wie der Wind! Juchu!... Über Kirchhöfe... über die Wälder, über die Dörfer! – – Zu Altpfirt haben wir getanzt rund um den Galgen herum! Wie der Wind so schnell! Wie der Wind! – – Ist das nicht lustig, mein Liebster, mein Schatz... Haha! Über Wälder, über Talmulden, über finstere Dörfer hinüber!... Nackt haben wir getanzt in die Fichten hinein!... Die Käuzchen haben geschrien dazu... Die Hunde haben geweint... Im Dörfchen ist danach einer gestorben.

GERICHTSVORSITZENDER
Du gestehst, dass du auf Geheiß des bösen Geistes den Leuten des Dorfes Schaden angerichtet hast?!

ANNELE
Jetzt kommt er, der Doni!... Dort!... Ich wusst' es doch, dass er kommt, mir zu helfen! Er ist so stark! Er weiß so viel! Ich hab's doch gewusst, dass er kommen müsse!... Gell, wenn's schon deine Leute nicht haben wollen, du haltest doch zu mir?!

GERICHTSVORSITZENDER
Höre, was man dich fragt! Beim Peter Lütz hast du einem Kinde etwas zu Leide getan?...

ANNELE
So schön hat es dort in der Wiege gelegen... Gelacht, hat es...

GERICHTSVORSITZENDER
Du hast es auf den Arm genommen! Danach lag es vier Wochen lang und grabbelte.

ANNELE
Das arme Kind, wie es grabbelte!

GERICHTSVORSITZENDER *Er gibt dem Gerichtsschreiber ein Zeichen.*
Beim Kläus Kampf bist du durch den Stall gelaufen?

ANNELE
Der Stall beim Kampfe Kläus!... So gut warm... der Kurzfuttertrog dort!... Durch's Fenster ein wenig Licht... Die Ketten klingelten. Das Vieh kaute.

GERICHTSVORSITZENDER
Drei Kälber sind darauf eingegangen!

ANNELE
Die armen Kälblein!...

GERICHTSVORSITZENDER
Du gestehst, dass du den Stall verhext hast?

ANNELE
Wie sie demütig, krank dort gestanden haben, die Kälblein!

GERICHTSVORSITZENDER *nachdenklich*
Schreibet das nieder!

Nach einer Weile zum Ankläger.
ANKLÄGER
Ich klag' an vor dem Gericht: Anna Balthasar von Weiler! – – Besagte Anna Balthasar bekennt die schlechte Tat die von ihr ausgeführt: ein Bündnis mit dem Seelenmörder, mit dem in alle Ewigkeit verfluchten Teufel. Sie gesteht, dass sie einen Stall vergiftet hat! Auf sein Geheiß hat sie einem kleinen Kind in der Wiege ein Leid angetan. Dadurch hat es vier Wochen lang zwischen Leben und Tod gegrabbelt. Weiter bekennt sie, dass sie Gott und sein heiliges Heer verleugnet hat, und eine Nacht zu Fulleren auf dem Fuchsberg in Unzucht beim Hexentanz mitgetanzt hat. Ich fordere die Richter auf, wegen Verbündnis mit dem Teufel und wegen ausgiebiger Zauberei Urteil zu sprechen: dass Anna Balthasar durch Feuer vom Leben zum Tod bestraft werde!

Pause.
Die Richter sitzen nachdenklich. Sie lesen in den Akten.

ANNELE
Die Gräblein von meinen Schwesterlein... Nelklein stehen drauf und Geranium!...

Gemurmel unter den Zuhörern.
Sie ist von Sinnen!

ANNELE
Und kein Grab wollen sie mir geben! Kein Beinlein bleibt übrig, kein armes weißes Knöchelein.

Dort... Vater?!... Vater?! Du bist ja tot vom Baum erschlagen worden. Blutig warst du, bleich, armselig... sie haben dich gebracht auf einem Leiterwagen... Ich hör' ihn noch, wie er polterte... Kerzen!... Vater, die zwei Kerzen neben dir auf der Bank, die zwei flackrige Kerzen!... Wie weiß das Getuch über dir,... schneeweiß...

EINE STIMME
Auße'rm Verstand ist sie!

ANKLÄGER
Das ist der böse Geist, der aus ihr spricht, um einen zu betören!

ANNELE
Vater! Du stehst dort!... Komm hilf' doch deinem Kind!... Schau, wie sie mich quälen wollen! Wie sie mir weh getan haben! Im finstern Turm hatten sie mich eingesperrt; innen in diesen feuchten Mauern! Vater, hilf doch deinem armen Kind!

EINE STIMME
Meine Hand leg' ich ins Feuer, dass das Mägdlein unschuldig ist!

ANNELE
Vater!... Wie ich gegreint habe, als du umkamst! Zwei Monate lang habe ich mich im Finstern nicht in die Kammer getraut...

EINE STIMME
Seht ihr denn nicht, sie hat ja das alles im Fieber geredet! 'S ist ja verwirrt!

ANNELE
O, auf dem Fuchsberg!... Hu! Wie sie tanzen dort zwischen den Fichten!... Die Käuzchen rufen!... Unheimlich ist es!... jemand wird sterben!... Im Mond... die Hexen!... der böse Geist... ganz in Rot ist er angezogen!... Nackt tanzen sie dort... Wie weiß ihre

Körper sind, zwischen den schwarzen Bäumen!... Wie ihr Haar flattert!... Wie Seide! Ganz wie Seide! *(Lacht)* Nein! Ich habe ja geweihtes Salz genommen, ich will nicht mehr tanzen!

GERICHTSVORSITZENDER
Geweihtes Salz hast du genommen?!
ANNELE
Geweihtes Salz und Wachs...

GERICHTSVORSITZENDER
Und darnach ist der böse Geist nicht mehr gekommen?

ANNELE
Doch! Um's Haus herum!...

VERTEIDIGER *aufstehend*
So rede doch!

ANNELE
Um's Haus herum kam er schleichen...! Ich habe ihn gehört nachts... Ich bin im Bett gelegen... Ich habe das Deckbett über den Kopf gezogen... Wie ein Sturmwind war er in der Nacht!... Geschrien hat er draußen! An den Schuppendächern hat er gerissen im Hader!... Die Läden hat er auf und zu geschlagen! – – Ich habe das Deckbett über den Kopf gezogen... Er hatte ja keine Macht mehr über mich... Wie glücklich habe ich da geschlafen in der Kammer!... Ich armes, schönes Annele!

GERICHTSVORSITZENDER
Ist er seither nicht mehr gekommen, um dich zu versuchen?

ANNELE
Nie mehr!

VERTEIDIGER
Wenn sie den bösen Geist hat können mit geweihtem Salz vertreiben, dann ist sie nicht mehr strafbar!

ANNELE
Vater, du bist noch hier?!... Komm nimm dein Kind wieder auf den Schoß!... – – Vater, die Pfingstnelken blühen in unserem Garten!... Dieses Jahr haben wir zwei Acker Roggen gesät!... Der liebe Herrgott geht durch unsere Grasgärten hin, Vater! Beizeiten hört man ihn gut, wie er vorbei geht: kein Ästlein bewegt sich an den Bäumen... Wie still die Gärten sind!... Hier und dort kracht ein Zweig... Die Küchentritte und das Stallfenster schauen lebendig ins Feld hinein... O du trägst ja dein schwarzes Sonntagskleid, das du anzogst, wenn du zur Kirche gingst!... Warum hast du's denn heute an?... es ist ja Alltag!...

DONI drängt sich plötzlich zwischen den Landsknechten hindurch in den Saal.

DONI
Muss ich dich so wiederfinden, Kind?!

ANNELE
Bist du der Doni?!... – – Sieh', es ist so fürchterlich, hier...

DONI
Haben sie dich so zugerichtet, armes Geschöpf!!... Barmherziger Gott!!

Annele lacht geistesabwesend vor sich hin. Sie fasst Donis Hände und streichelt sie wie ein Kind.

ANNELE

Gell, ich brauche nicht zu sterben, Liebster?... Ich möchte doch noch leben... mit dir ein Weilchen leben... Du hilfst doch sonst allen Leuten... So hilf mir doch auch!...

GERICHTSVORSITZENDER
(Laut, zu den Landsknechten) Ruhe geschafft, hier!!
ANNELE
Du bleibst aber jetzt bei mir!... Du lässt mich doch jetzt nicht mehr alleine!... O gell?!... nie mehr allein... Ich habe so Angst, allein... Gell du hast doch ein Herz für mich!

Sie krampft sich an ihn. Die Landsknechte wollen Doni wegreißen.

DONI
(Zu Annele) Nein, es bringt mich keiner von dir weg!!
(Zu den Richtern) Ein armes Kind wollt ihr ins Grab bringen! Könnte doch einer von euch mit einem Herz dastehen, so unschuldig wie diese!
(Zu Annele) Ich bin ja jetzt bei dir, Herz!!

ANNELE
Siehst, wie ich gelitten habe!... Warum muss ich denn so leiden!!... Sag doch, Liebster!... Bleib doch bei mir... Dann ist mir ja wieder wohl; wenn du nur bei mir sein kannst!...

Ein Trupp Landsknechte umringt Doni. Er reißt sich noch einmal los.

DONI
So schickt denn alle eure Henkersknechte!! Schickt deren noch mehr! Ihr könnet schon über einen wehrlosen Menschen Meister werden!... Zum Lachen ist eure Gerichtsbarkeit!...

Sieht doch mal hier! So sieht doch!! Eure Gesetze, danach ihr geht, die in euren verstäubten Büchern stehen... dort, wo alles ausgedacht ist... von armen armseligen Menschen gemacht... und kein Mitleid nirgends, und kein Herz!!... Kein Mitleiden!! Das ist es!! Das ist eure Gerechtigkeit, Menschen!!... So kommt doch! Bringt mich doch um! Ihr habt ja die Gewalt dazu! Ihr bringt ja hier eines um, das besser ist als ich!... Sieht denn, wie ihr sie zugerichtet hat!! Sieht, wie sie dasteht! Hat denn keiner von euch einen Mitleid in der Seele?!...

Die Landsknechte überwältigen DONI *und* FÜHREN IHN AB.

DONI
Habt ihr denn euren Herrgott so vergessen, Menschen?!...

ANNELE
Geh' doch nicht fort, Schatz!... Siehst du denn nicht wie ich gepeinigt und gemartert bin?!...

VERTEIDIGER
Das Mädchen ist unschuldig!

ANKLÄGER
Alle Hexen sind unschuldig!

VERTEIDIGER
Mit diesem Verbrechen auf der Seele tretet ihr einmal vor's ewige Gericht!

ANKLÄGER
Zwanzig Jahre bin ich jetzt zu Gericht gesessen. Jede Hexe ist unschuldig, wenn sie hier steht. Jede greint und gibt vor! Gott will Gerechtigkeit!!

EIN RICHTER
Ich meine, wir sollten am besten in diesem Falle noch kein Urteil fällen, und die studierten Herren zu Straßburg darüber um Rat fragen.

GERICHTSVORSITZENDER *steht auf; nach einer Weile*
Richter vom Malefiz Gericht, die ihr vor dem allmächtigen Gott geschworen habt, ich fordere euch jetzt auf, Urteil zu sprechen über Anna Balthasar von Weiler.

Die RICHTER ziehen sich zurück. Gemurmel im Saal.

ANNELE
O jetzt!... Sterben... Sie richten's Holz schon auf!... Sie bringen das Feuer!... Die Seile schneiden mir in die Hände hinein!... Jetzt zünden sie's an!... Nicht einmal ein Stückchen Bein bleibt übrig von mir, kein armseliges Stucklein Bein!... Helft mir denn gar niemand?!... Jetzt...

Sie sinkt in Ohnmacht. Gemurmel unter den Zuschauern.

STIMMEN
Es stirbt ja!!... Und es ist unschuldig!... Unschuldig ist sie!

Die Richter kommen zurück. Der Vorsitzende verliest das Urteil.

GERICHTSVORSITZENDER
"Ist durch die Malefiz Richter mit Urteil zu Recht erkannt, dass die Anna Balthasar von Weiler von der Anklage ledig gesagt ist!"

Gemurmel auf den Bänken.

STIMMEN
Frei! Unschuldig!

Der Vorsitzende tritt vor und sieht das ohnmächtige Annele.

STIMMEN
Sie stirbt ja!

GERICHTSVORSITZENDER
Man soll sie in das Spital bringen!... Hat sie Angehörige draußen?!... Jemand hole sie!

Ein GERICHTSDIENER entfernt sich.

ZWEITER GERICHTSDIENER
Die Mutter liegt ohnmächtig unten im Gang!

Die Richter stellen sich um Annele. Man macht Wiederbelebungsversuche. – Gespannte Erwartung im Saal. – Der GERICHTSDIENER kommt zurück, gefolgt von DONI.

DONI
Annele!...

Er sucht, Annele aufzurichten. Es liegt bewusstlos in seinen Armen.

DONI
Einem armen unschuldigen Kind konntet ihr etwas zu Leide tun!... Habt ihr denn ein Herz im Leib?!... Kind, wie ist denn mit dir?! Zeig! (Anneles Haupt in beide Hände nehmend) Kind, kennst du mich denn nicht?!... Zeig' doch, erwache!... Sieh, wer da ist!... Siehst's nicht?!... Liebes! Erwach doch!...

ANNELE
Wer bist denn du?!...

Doni
Kennst du mich nicht mehr?!... Der Doni bin ich!... Dein Doni!!

Annele
Du?!...

Doni
Schau doch! Kennst mich nicht?!... Ich bin's ja!...

Annele
Der Doni... Du!... Nein!...
Sie schließt die Augen und sinkt wieder in Ohnmacht.

Doni *sie rüttelnd, aufschreiend*
Annele!!

Einer der Umstehenden
Es stirbt!

Doni
Sie stirbt!... Nein, stirb nicht!... Nein!... Kann sie denn sterben, wenn ich sie so gernhabe?!... Gott kann das nicht zulassen!... Nie! Nie!... Wenn ich sie so gern habe über alles in der Welt!...

Während man sich um Annele beschäftigt, fällt der Vorhang.

VIERTER AKT

Bühne wie im Ersten Akt.
Anneles Leiche aufgebahrt, von weißem Leintuch überdeckt. –
Rote Rosen sind darauf hingestreut.
Halbdunkel. – Draußen Gewitter.

MÄDCHEN, BÄUERINNEN und BAUER halten die Totenwacht. Alle, mit Ausnahme Donis, sprechen in diesem Akt gedämpft.
DONI, mit struppigem Haar, verstörtes Gesicht, jauchzt grell auf.

Eine BÄUERIN
Er ist vollständig um den Verstand gekommen!

DONI
Sie verbrennen's! Zu Hilfe denn!... Sie bringen die Reiser schon!... Sie wissen nicht, was sie tun!... Sie wollen mir meine arme Liebste verbrennen!

LÜWISLE
Sei doch ruhig, Doni!

BÄUERIN
Was macht denn die Vreni?

LÜWISLE
Sie liegt noch immer im Fieber. Ich hab' keine gute Ahnung für sie.

DONI
Verrückt sind sie geworden alle!... Sieht, wie sie lechzen! Mit fürchterlich grausamen Augen!... Ihr Sonntag Bestes tragen sie!... Gibt es denn gar kein Mitleiden mehr?!...

LÜWISLE
Lug, Doni, sei doch ein wenig still!

DONI
Höret ihr denn nicht wie sie schreien!... Sie wollen ihr Blut! Sie werden anders nicht zufrieden sein!... Wie wilde Tiere sind sie.

LÜWISLE

Mach dich doch nicht krank, Doni! Keiner wird ihr etwas mehr antun.

Doni
Seht ihr ihn nicht draußen?!...

Lüwisle
Wer?

Doni
Ja, seht ihr ihn nicht?!

Lüwisle
Wer denn?!

Doni
Dort am Berg... im weißen Kleid!... Dort... Er redet zu den Leuten!... Jedes Herz kann ihn spüren... O!... er redet... so einfach... "Seid gut zueinander!" – Peinigt doch einander nicht! – Helft doch einander!"... – – Jetzt geht er fort über die Bergen... Die Leute stehen!... Ein Glanz auf ihren Gesichtern!... Seht ihr's denn?!... O komm, wandere doch einen Tag wieder durch unsere arme, verdorbene Zeit!!...

Er setzt sich auf eine Bank und vergräbt das Gesicht in den Händen.

Doni *rufend*
Lüwisle!

Lüwisle
Was?

Doni

Lug, sie wollen mir mein Mädchen verbrennen!

BÄUERIN
Kinder, welch Elend!

DONI
Ich weiß gar nicht... es scheint mir, ich sähe ein Licht vor mir!... Die Weiber im schwarzen Plunder... Diese vier Männer die so traurig schreiten... einen Totenbaum tragen sie auf einer Leinwand, ... auf einer weißen Leinwand... weiß wie ein Messer das einem ins Herze schneidet... wie die Lilien auf Kirchhöfen weiß sind!... so weiß sind um die umgefallenen Kreuze, worin die Würmer nagen!... Höret: hört Ihr den Donner draußen?! Scheint es einem nicht wie der Stundenschlag der Ewigkeit! – – Alles scheidet ja dahin,... verwest und verfault,... und wir sind nur arme kleine Menschen und können nichts wie einer den anderen zu quälen, diese wenige Tage, die wir in der Welt sind, und können nicht einmal etwas dagegen tun, dass nicht alles abstirbt und verwest! Sind wir nicht Menschen an das Große gebunden, dem wir nicht ausweichen können: an den Tod!... an das Abscheiden!

EIN MÄDCHEN
Sei doch still!... Setz' dich ein wenig!... Weißt du gar nicht mehr, was gestern passiert ist?

DONI
Gestern?...

LÜWISLE
Ist nichts passiert, gestern?

DONI
Warum habt ihr denn Lichter, hier innen?

LÜWISLE
Warst du denn nicht bei einem Mädchen, gestern?

DONI
Bei einem Mädchen?!... Das weiß ich nicht... Es ist alles so grau hier innen heute... die Annele?... Ist sie denn nicht hier, die Mutter?!... Gelt wir kommen zusammen, wir zwei! O, wir werden zusammen kommen... Gern habe ich sie ja!... Und schaffen will ich für sie!... Aber ich möchte sie doch haben!... Und unser Häuslein haben! Hier!... Eine Kammer mit einem Bett darin, und eine Stube wo in der Winternacht eine gute Wärme wäre!... Und alles müsste einen anlachen, wenn man Nachts nach Hause käme...

EIN BAUER
Kann er so an der gehangen sein!

DONI
O ja, wir kommen zusammen!... Das will der Herrgott haben!... das will unser Herrgott!

Der MAIER und die MAIERIN treten ein.

MAIERIN *geht auf Doni zu.*
Armes Kind, du musst nicht meinen, dass deine Eltern kein Herz für dich haben, jetzt da dich ein solches Unglück trifft. *(Sie weint.)* Wenn du nur wüsstest, was ich gelitten habe, gestern und heute...

DONI
Mutter, warum weinst du denn?!

MAIERIN

Du musst nicht meinen, dass wir, deine Eltern, gegen dich waren. Ich kann es ja gar nicht sagen, was es mir antat, als ich sah, wie sehr du um sie gelitten hast.

MAIER
Lug, ich habe getan für sie, was ich konnte!... Ich bin zu Altkirch gewesen... Ich bin eingetreten für sie...
DONI
Ja, du bist nach Altkirch gegangen...

MAIERIN
Wenn du wüsstest, wie es mir weh tat, als ich hörte, dass sie gestorben sei. Hätte man mir ein Messer eingestoßen, es hätte mir nicht mehr weh tun können!

DONI
Dann ist es denn war: gestorben ist sie!

Er setzt sich auf eine Bank und brütet vor sich hin.

MAIERIN
Armes Kind!

DONI
Kann es denn möglich sein?! – –

MAIERIN
Du musst denken, sie liegt jetzt in ihrer Ruhe... Unser Herrgott wollte es so haben, dass sie uns verlassen musste...

DONI
Tot ist sie! – – Und da sind noch die Blumen am Fenster, die sie so gern hatte... Und sie hat sie gewässert!... Sie hatte sie als

Schösslinge gepflanzt!... Sie hatte solch eine Freude an ihnen... –
– Und hat so jung abscheiden müssen! – –

LÜWISLE
Das arme Mädchen!

DONI *nimmt die Maierin and dem Arm und führt sie an die Bahre.*
Sieh, hier liegt sie!... Siehst du!... Sie haben ihr weh getan! Schrecklich weh!... Sie haben sie mir umgebracht! Umgebracht haben sie's mir! Ist das nicht grässlich?!... Muss es ihnen nicht im Herzen schaudern, wenn einer von ihnen sein Kind in den Schoß nimmt?!... Kann denn einer von ihnen eine ruhige Minute haben, nach einem solchen Verbrechen?!... Kann einem eine ruhige Stunde zum Sterben bleiben?! – – Und ich konnte ihr nicht helfen!... Es waren ihrer zu viele!... Wie sie dort gestanden haben, und gelechzt haben, um sie leiden sehen können... Ich allein gegen alle... gegen tausende!... gegen das ganze Land!... Kind, ich habe dir nicht helfen können! Ich konnte nicht!
(Er steht eine Weile)
Ist's möglich?!... Im finsteren Grab muss sie liegen... in der Feuchte... wo sie doch den Frühling so liebte!... und draußen pfeifen die Amseln!...

Das Gewitter draußen ist heftiger geworden. Die Stube verdunkelt sich. Man sieht vor dem Fenster zeitweise das fahle Aufleuchten der Blitze.
FINNELE *und ihr Schwesterchen* MARIKELE *öffnen vorsichtig die Türe der Kammer. Sie bleiben schüchtern an der Schwelle stehen.*

MARIKELE
Ich traue nicht...

FINNELE
Es ist so finster hier...

LÜWISLE
Kommt nur hinein, Kinder! Sie tut euch nichts, die arme Annele.
Sie war doch immer so gut zu euch!

Sie nimmt die Kinder bei der Hand und führt sie an die Bahre. Fahler Blitzstrahl. Alle sind überwältigt von der Stille, die in der Kammer herrscht, von der Majestät des Todes. Heftiger Donnerschlag.

LÜWISLE
Kinder, ist das aber ein Wetter!
DONI
In diesen nassen kalten Boden wollen sie dich hineinlegen, Mädchen?!... Es sollte einer jetzt den Mut aufbringen, dir nahe zu kommen,... da du so rein da liegst! Ihr habt sie mir umgebracht! Ihr! Ich klage euch an, alle, vor unserem lieben Herrgott!... alle!... Ihr habt kein Mitleid in euren Herzen!... Ihr habt böse Dingen ersonnen: Hexerei!... Vom bösen Geist besessen sein!... Alle seid ihr besessen, alle, von einem bösen, bösen Geist,... dass die Sonne verfinstern müsste!... Ihr habt böse Werte erfunden: Recht!... Gerechtigkeit vor Gott!... Durch alle Kirchhöfe geht der Schrei eurer Gerechtigkeit!... Ihr denkt tausend und wieder tausend gerechte Dinge aus, und wisset doch nicht recht, was ihr wollt, und seht in allem ein Feind eures Glaubens, ein Feind vor Gott!... Und wisset nicht, dass ihr Gott verloren habt! Je mehr ihr nach ihm gesucht habt, je mehr er auf euren Zungen lallte, desto mehr habt ihr ihn aus eurem Herzen verloren!... War es denn nicht Gott, der in mir redete, als ich sie so sehr liebte, so über alles gernhatte!... War es denn nicht Gott, der in ihr war, dass sie so sehr an mir hing, dass sie sich so gefreut hat an jeder Blume auf dem Fensterbrett, an jeder Stunde da die Sonne schien!... Gott, der schwer in allem lebt, der um uns ist, da alles ein großes Geheimnis ist: in jedem

Busch, der treibt, in jeder Wolke, die zieht, in jedem Wind, der über Äcker weht!... Ist es denn nicht Gott, was aus uns ruft zu allem, das groß ist, das schön ist?!... – O wenn man so die Luft hört wehen nachts durch die Bäume hinter den Schuppen in den Grasgärten... wenn der Sturmwind brüllt im Wald wie ein wildes Tier,... Wenn Blitze sich über die Bergen stürzen... Ist das nicht schön?!... Etwas, das einem gut tut?!... – – Ihr aber habt ihn verloren: Gott!... Ihr führt euren Pflug übers Feld und höret die Stimme nicht, die in euch spricht, und hänget an Güter und allem, das glitzert, Kinder! Und quält einen den anderen und martert ihn!... Und Gott redet doch aus allem das schön ist, so groß in unser Herz hinein!... Ich habe manchmal gedacht. Ein Glaube!... Für alle Menschen: gut zueinander zu sein!... Einander helfen!... Das ist's, was ich immer gedacht habe!... Daran hat mein Herz gehangen! Wie habe ich gelechzt nach einer Zeit, in der wir einmal Menschen wären, Menschen!!... O, dass sich alle so vor etwas niederwerfen sollten, das groß ist, und schön ist, und dadurch besser werden, und mitleidiger!... Wie ich an das geglaubt habe!... Und was fand ich: Elend!... Die ganze Welt versinkt in Elend! In eine See von Rachsucht und Feindseligkeit und Hass bis in alle Ewigkeit hinein!... Und keine Hoffnung gibt es, dass es anders käme!...

Du bist doch mein jetzt, Mädchen!... Jetzt hat keiner kein Recht mehr über dich! Niemand! Kein papierig elendes Gesetz der Menschen! Über alle Niederträchtigkeit der Welt bist du mein! Du verlangst ja nach mir, armes Herz!... Weil ich dein bin!... ganz dein!... Weil ich immer dein gewesen bin, seit aller Zeit... Weil ich dein bin in alle Ewigkeit hinein... – – So ganz haben wir immer zusammengehört, dass eines für das andere auf die Erde musste kommen! Damit wir uns alles Leid und alle Freude hätten helfen tragen können. Damit nicht eines hätte allein sein müssen in dieser kalten Welt und ohne Licht und ohne Liebe hätte verkümmern müssen... So ganz gehören wir einander! – –
Und jetzt solltest du so alleine sein... Ständig rufst du nach

mir!... Tausendfach hör' ich deine Stimme... Durch alle Mauern... durch die Wälder... So rufst du mich zu dir... Herz... in ein Lebendigsein über allem Verderben... in den Tod... Das ist es, was ich immer erträumt habe: zusammen sein mit dir!... Hier sein mit dir in diesem großen Leben das in allen Welten treibt,... das an den Spitzen der Grashalme zittert... hier sein... mit dir... in alle Ewigkeit hinein... – Wo einen kein Mensch auseinander reißen kann und kein Gesetz und nichts!... Und frei sein!... So... in alle Ewigkeit!...
Wie die Blitze fallen! – wie fürchterlich schön das ist!... Unsere Heimat!... Kind, das ist unsere Heimat! – –

ENDE

Nathan Katz

S' Annele Balthasar
Stick in vier Akte

The following dramatic text, *S'Annele Balthasar,* is the original version of the 1924 play as written by Nathan Katz in Alsatian, which is an Alemannic dialect. We are reproducing it here courtesy of Editions Arfuyen, who published in 2018 a bilingual edition of the play, in a French translation by Jean-Louis Spieser, accompanied by this Alsatian original:

ISBN 978-2-845-90268-8
EAN 9 782845 902688
ISSN 0756-6182
dépôt légal: avril 2018

Our deep gratitude goes to Editions Arfuyen who allowed us to use this original version in Alsatian.

Antoine Schoepfer
in träier Frindschaft

Persone

ANNELE BALTHASAR
VRENI BALTHASAR, *im* ANNELE *si Müeder*
DONI, *im* ANNELE *si Liebschter*
LÜWISLE, *e Maidle vo Willer, im* ANNELE *si Kamerad*
FINNELE, MARIKELE, *zwei Nochbersching vo acht un vo sechs Johr*
im FINNELE *si Müeder*
DR MAIER VO WILLER, *im* DONI *si Vatter*
D'MAIERI VO WILLER
E BÜRSFRÄU
E BATTLER
D' SECHS MALEFIZRICHTER VO ALTCHILCH
DR VORSITZENDER VOM GRICHT
DR AKLÄGER
DR VERTEIDIGER
GRICHTSDIENER
ZWEITER GRICHTSDIENER
1. MAGD
2. MAGD
E LANDSCHNACHT
LANDSCHNACHTE, MAIDLE *un* BÜEBE VO WILLER, BÜRE, BÜRSWIBER

ORT

DR ERSCHT AKT:
*spielt z'*WILLER *im Hüs vo dr* VRENI BALTHASAR *anno 1589.*
DR ZWEIT AKT:
dräi Wuche speter, bim MAIER *z'*WILLER.
DR DRITT AKT:
wider e dag speter, vor em MALEFIZGRICHT *z'*ALTCHILCH.
DR VIERT AKT:
dr anger dag, am gliche ort, wie dr ERSCHT AKT.

*'s isch numme-n-e Chlang
üs äisere Grasgarte
vo de laihje Nacht.*

PROLOG
Wie sin als d' Chàltnàcht mànkmol so still;
hààl flackeret no im Ofe n e Schitt;
dr Wing lottlet dusse n am Schiretor. –
de dànksch an d'friehjeri Zit.

De sitsch un dànksch un loosch in d'Nacht,
in d' Fäischteri üse, in d' Witti im Schnee.
de meinsch, de sächsch, vor e paar hundert Johr,
Wie d' Lit dur 's Därfle tien geh.

De sehsch im Träum no so d'Summernàcht,
Wie n e mànk jung Pààrle si gfunge het.
de sehsch e Maidle vo achtzàh Johr
dert üf sim Totebett.

Si hai em Maie n üf 's Lintüech glegt :
schneewissi Lilie n un Rose rot.
zwei Tag lang isch's glàge n im letschte Champf,
het's gràblet mit em Tod.

Scho gar so lang, vor e paarhundert Johr. – – –
im Ofe flackeret hààl e Schitt. –
dr Wing risst dusse n am Schiretor. –
de dànksch an d' alti Zit.

I. Akt

Wohnstube der Vreni Balthasar in Weiler. Niedere Bauernstube. Links im Hintergrund ein einfacher roh gezimmerter Tisch, auf dem ein Strauß Feldblumen steht. Davor hölzerne einfache Stühle. Dahinter an der Wand befestigte Bänke. Rechts vom Tisch ein Fenster, das nach einem Garten geht. Zwetschenbäume und rote Buschrosen stehen dicht davor. Auf dem Fenstergesimse stehen einige Stöcke blühender Geranien und Fuchsien. Rechts vom Fenster ein alter Schrank, ein „Chaischterle", auf dem Krüge und Schüsseln stehn. Rechts an der Wand ein grob geschreinertes Bett, das mit einem von der Decke des Zimmers herabhängenden Vorhang umhängt ist. Die Wände der Stube weiß, ohne Schmuck.
ANNELE BALTHASAR – VRENI BALTHASAR
ANNELE BALTHASAR: *etwa 18 Jahre alt, etwas bleich, Haar in Zöpfen geflochten, einfache selbstgesponnene Kleidung: weiter farbiger Rock. Die Aermel der Bluse aufgestülpt, — einfach, sundgauisch, bäuerisch.*
VRENI BALTHASAR: *rüstige Frau, anfangs der vierziger Jahre, stark gebaut, blühendes Aussehen.* MUTTER VRENI *spinnt.*
ANNELE *steht an einem altertümlichen Butterfass mit einem Kolben, und plitscht. Sie blickt hie und da auf, und betrachtet ihre* MUTTER, *die in Gedanken versunken ihre Arbeit verrichtet.*
ANNELE
Dir fählt ebbis, Müeder! I gläub alles, as isch dr nit wohl.
MÜEDER VRENI
Doch!
ANNELE
Dü hesch's allewil eso: Wenn dr ebbis fählt, tüesch's als erscht sage, wenn de als racht chrank bisch. Müess i dr ebbis lange?
MÜEDER VRENI
Was danksch denn! As isch mr jo wohl.

ANNELE
De danksch allewag wider dra, wu si doletscht z'Altchilch die Hax verbrännt hai.
MÜEDER VRENI
O, i g'seh's allewil no vor m'r! All Nacht traim i dervo bereits. — 's isch färchterlig gsi!
ANNELE
Dü hattsch nit sälle anegeh, Müeder!
MÜEDER VRENI
I wott, i wär nit dert gsi. — Wie si gschräue het, wu si dr Schitterhüffe azunge hai! Wie si batte het, mr säll doch Mitlide ha! Mr säll si doch züem Lang üs verwise, si wäll nie meh in die Gegnig chu! Mr säll si doch iber ihri vier aremi Ching erbarme! — Wenn de gseh hattsch, wie si grisse het an de Strick, wunemol 's Fir an si glangt het! — 's isch färchterlig gsi!
ANNELE
I wott nit züelüege. Das müess doch e Schmarz si, wenn me so bim gsunge Verstang verbränne müess.
MÜEDER VRENI
As isch sone süferi Frau gsi; mr hatt's gar nit gläubt, ass das e Hax säig.
ANNELE
Ja isch mr o sicher, ass es eini gsi isch?!
MÜEDER VRENI
Lüeg, wenn si's nit salber vor em Gricht bschtange hatt, i hatt's gar nit chänne gläube.
Man hört draussen ein Geräusch. ANNELE *springt an die Türe und öffnet. Wie sie niemanden sieht, geht sie in den Flur hinaus. Sie kommt nach einer Weile wieder zurück.*
ANNELE
I ha doch gmeint gha, as säig ebber duss. Dr Doni chunnt doch allewag hit.
MÜEDER VRENI
Mi labdig sehn is vor m'r: die Aeuge!

ANNELE
De machsch di ganz sicher no chrank mit dine Stümeräie.
FINNELE, *ein achtjähriges Mädchen, streckt den Kopf zur Türe herein.*
ANNELE
Dü bisch's, Ching! i ha doch ghert, ass ebber duss isch!
FINNELE *hüpft in die Stube.*
(Zu MÜEDER VRENI*)* Müeder, morn chumm i mit ech üf's Fall !
MÜEDER VRENI
Jo, mintwage.
FINNELE
D'Müeder het scho gsait ass i mit därf!
MÜEDER VRENI *steht vom Spinnrade auf.*
I will doch geh's Nachtasse iberstelle!
Sie entfernt sich. FINNELE *eilt zu* ANNELE *und will ihr den Kolben des Plitschfasses aus der Hand nehmen.*
FINNELE
Loss mi ne weni plitsche!
ANNELE, *abwehrend*
Nai, i bi jo färig jetz! *(Sie öffnet den Deckel des Fasses)* 'S isch Anke jetz! Mr wai en derno üsenah.
ANNELE *setzt sich an das Spinnrad und beginnt das Rad schnurren zu lassen.*
ANNELE
Chumm setz di ne weni nabe mi Ching!
FINNELE, *bittend*
Gall dü singsch aber e lied!
ANNELE
I mag jetz nit sing!
FINNELE, *bittend*
Doch, sing!
ANNELE
Was säll i singe?
FINNELE

Was de witt.
ANNELE *singt, während sie spinnt, träumerisch vor sich hin:*
Jetz drucke wider d'Hollerehirscht!
un alles fangt jetz z'bliehje a.
do sätt me nit allei so si
die scheeni Dag,
do satt me ebber bi si ha!
Wie lige d'Gasse alli still
wu alli vergniegt tien geh.
I mein, de sätch o bimer si
unträie Büeb,
sätsch do als bimer steh.
un d'Amsle hupfe iber d'Wag.
dü güede Gott! das tüet eim weh,
wu alles so pläsierlig isch,
wu alles chimt,
allei so umme z'geh !

FINNELE *hat sich neben* ANNELE *gesetzt. Sie schmiegt den Kopf an Anneles Knie.*
FINNELE
Dü bisch so bleich sitter ass de chrank gsi bisch!
ANNELE
Meinsch, wenn i gschtorbe wär !
FINNELE
Dü hattsch aber nit starbe därfe.
ANNELE
Ching, mr isch gli gschtorbe. As cha nieme hebe.
Beide schweigen. ANNELE *sitzt in Gedanken versunken.* FINNELE *sitzt ihr zu Füssen, und beginnt leise zu weinen.*
ANNELE
Warum grinsch denn, Ching ?
FINNELE
I ha so Angscht, wenn i dank, ass de gschtorbe wärsch.

ANNELE, FINNELE *tröstend*
Jo, narle, i lab jo no !
FINNELE
Lüeg, i ha so Angscht, wenn i als e licht seh duregeh, wenn si üf dane wisse handzwale dr dodebäum duretrage. — Wu si das Ching doletscht vergrabe hai, i ha mi im schopf unger de Walle versteckt.
ANNELE *küsst* FINNELE *auf die Stirne.*
Jo, dü narle, i stirb jo nit !
FINNELE, *noch immer weinerlich*
Jo, i ha aber ghert gha, wu si's verzällt hai, ass de so schwär chrank gsi säigsch!
ANNELE
De sehsch jo: i bi jetze wider gsung!
Man hört draussen jemanden eine Türe öffnen.
FINNELE, *horchend*
As chunnt ebber.
ANNELE *eilt zur Türe.*
(In Freude) Dr Doni!
Sie reisst stürmisch die Türe auf. FINNELES MUTTER *tritt ein.*
IM FINNELE SI MÜEDER
Nai! 's isch dr Doni nit!
ANNELE *steht verlegen.*
IM FINNELE SI MÜEDER
Wart numme, er chunnt scho! So jungi Maidle chänne's aber nit ha, wenn dr Liebschter nit bin ene isch.
FINNELE, *auf seine* MUTTER *zueilend*
Müeder, morn darf i mit üf's Fall. Gall aber?
IM FINNELE SI MÜEDER
(Zu FINNELE*)* I gläub, de witt o gar nimmi heimchu. De bisch efange meh bim Annele ass heim.
ANNELE
Ach, lehnt's doch do als!
IM FINNELE SI MÜEDER

I gläub scho, ass es nit ass bi dir si will. dü losch em o züe, was es will. Heim zupft's als dann un twann sini Prigel, wenn's umbänig isch.

ANNELE
Jo, as isch doch gar nit umbänig.

IM FINNELE SI MÜEDER
(Zu ANNELE) Isch di müeder in dr Chuchi?!

ANNELE
Ja.

IM FINNELE SI MÜEDER
I will geh lüege, was si macht.

FINNELES MUTTER *entfernt sich.* ANNELE *setzt sich an das Spinnrad.* — FINNELE *ist fortgelaufen. Sie holt vom Blumenstrauss auf dem Tisch zwei rote Nelken. Sie klettert auf* ANNELE'S *Knie und steckt ihr die Blumen in's Haar. Sie setzt sich ihr zu Füssen.*

FINNELE
So jetz bisch scheen.

ANNELE, *lachend*
Ja!? Bin is?!

FINNELE
Wenn de gschtorbe wärsch, jetz wärsch so wiescht! *(Sie klettert Annele auf die Knie)* Un d'Licht: wenn d'Wiber alli so schwarzi Chleider agha hatte…

FINNELE'S MUTTER *und* MUTTER VRENI *kommen aus der Küche.*

IM FINNELE SI MÜEDER
'S isch halt färchterlig so ebbis!

MÜEDER VRENI
Aeiser liebe Härget säll alli Lit bhiete dervor. Um alles in dr Walt wott i nimmi derbi si!

IM FINNELE SI MÜEDER
Mr chännt jo jed Wibervolch schlage, un martere un schloh, bis ass es sait, ass es alles gsi isch, un derno verbränne. Wenn dr bees Geischt emol d'macht iber eim iberchunnt, 's isch schwär fir en wider z'vertribe. Wenn me villicht alli gwäihjti sprich derfir

wusst ! Wenn me villicht gli gwäihjt Salz un Wachs züe si nähm, han i scho heere verzälle... Aeisereins weisst halt nit.

MÜEDER VRENI
Wu n i iber dr Roggebarg bi, het me no dr Räuch iber d'Dacher ibere üfstige seh. Mr het d'lit no johle heere. I mächt denn o wisse, was si scheen's derbi finge, fir geh züelüege! Was cha me denn fir e Fraid ha, fir z'seh, wie ne angerer Mensch Schmarze lidet!

IM FINNELE SI MÜEDER
(Zu FINNELE) Chumm jetze Ching, mr gehn. I ha no Arbet.

FINNELES MUTTER *und* FINNELE *entfernen sich.* MUTTER VRENI *geht, in Gedanken versunken, zur Küche zurück.* ANNELE *spinnt. Sie lässt träumerisch das Rad stille stehn. So sitzt sie eine Weile.*

ANNELE, *sinnend*
So mächt i si jetze... As er chäm so... i mächt en an mi risse ! i mächt ganz still nabe n-em sitze, un numme lüege, wie's Nacht wird um is umme: wie d'Heiligebilder an dr Wang, un d'Maie am Faischter un dr Chaschte un's Bett in enanger vergehn... o ! wenn's still wird in de Gasse duss... wenn d'Maidle un d'Büebe binenanger sitze un singe un lache...

DONI *ist unterdessen unbemerkt eingetreten und hat die letzten Worte gehört*

DONI
Do bin i jo, Ching!

ANNELE *wirft sich* DONI *aufjubelnd an den Hals.*
Doni !
(Nach einer Weile) Aber e Scheene bisch! E ganze Dag losst er si nit blicke! Un was i gschafft ha sitter: An dr Müelte gschtange bini, g'jatte hani im Garte!... Wenn's ebbis z'schaffe gitt, so losst er si nit seh! E ganze dag chunnt er nit züe sinnere Liebschti.

DONI
Hesch langi zit gha?!

ANNELE
Jo, un wie! Dank: e ganze Dag!...

DONI, *neckisch*
De wirdsch grad nit so vil an mi dankt ha!
ANNELE
Meinsch, i ha's o wie dü, wu nit an mi dankt! — de bisch einewag bim e scheenere gsi, ass ich bi!
DONI
De weisch jo, ass es im ganze Lang kä scheeners git, ass dü bisch.
ANNELE *lacht in Freude auf.*
Jo gang, Fuxer!
DONI
Ja, isch's nit d'Wohret?!
ANNELE
Wu de üf dr Walz gsi bisch, dert hesch erscht Maidle aatroffe... sone arm Büremaidle wie ich, natirlig... lüeg numme, wie n'i aaglegt bi: e alte Chittel...
DONI
Me cha doch nit allewil 's Johrstagsplunger a ha!
ANNELE
Wenn me nit 's ganze Johr nit ass z'putze un z'schaffe hatt!
DONI
Lüeg, d'ganzi Zit han i als jo numme an di dankt gha.
ANNELE
Un was de erscht dankt wirdsch ha?!...
DONI
«Jetz steht's an dr Firschte!» hani dankt. — «Jetz hankt's im Grasgarte Plunger üf!...Isch's nit e scheen Maidle?! — Alli Chuchifaischter, wu's Fall üs lüege, tien jetz ganz üfchlitzere vor Fraid!... — Jetzt git's de Geronium am Faischter Wasser!» hani als dankt. «Wie sie rot sin d'Geronium!» — un z'Nacht als, wenn i verwacht bi, hani dankt: «Jetz schloft's! ungerm linige Deckbett ligt's jetz. Wie dick als jetz sini blundi Hoor üf'm Chissi lige!... As lacht im Träum jetze!» I ha als gjüzgnet in d'Fäischteri ine. — Witt no meh wisse?

ANNELE *ist während der letzten Worte* DONIS *still dagesessen. Sie versinkt in Grübeleien.* DONI *betrachtet sie.*
DONI
Wurum bisch so trürig, Ching ?
ANNELE
I bi jo nit trürig.
DONI
Dü hesch ebbis!
ANNELE
Das isch jo numme wil i di so garn ha!... I chännt jo gar nit labe ohne di !
DONI, *freudig*
Dü lieb Maidle!
ANNELE
Wenn i als an di dank, un de bisch nit do, derno hani so langi Zit. Derno dank i als: wenn de doch numme chämsch! Un wenn de als do bisch, do wird i als üf eimol so luschtig, un derno so trürig, un derno wider luschtig, un derno wider trürig, un derno wachslet das ab täusigmol hinger enanger, un derno sätt i nit ass lache un grine, ganz mit enanger, numme wil i di garn ha... hesch dü's o so, Liebschter?
DONI, *froh auflachend*
Aeh, natirlig hani's so!
ANNELE *schlägt nach ihm; jubelnd*
O dü!
DONI, *nach einer Weile*
Aeh natirlig; i ha di jo o garn!
ANNELE
So verzäll m'r doch jetz: hesch dü mi denn o allewil garn gha?
DONI
O scho so lang! Scho lang vor eb i üf d'Walz bi. Un wenn dü duregange bisch, bin i als in dr Schire edder im Schopf gschtange, un derno hatt i iberlütt jüzgne sälle. Wie als d'Zwatschgebaim bliehjt hai in de Garte an dr Stross a! Ganz üf

dr Wag üse hai si si boge! Un dü bisch derno duregloffe, ganz in dam Bliehje un Chlitzere in. Mr het gmeint, alles tät jüzgne um di umme vor Luschberkeit... e Prinzassin bisch gsi!
ANNELE
Un nie bisch züe m'r chu, un hesch e Wort gred mit mr! Absitte gange bisch als!
DONI
Ja, un ha an di dankt!... un ha's g'wunsche, täusigmol, numme-n-emol so bi dr därfe z'si... numme-n-e Rung!... un dr alles z'sage... un derno bisch wider duregange in dim eifache Rock... Alles het firiger bliehjt in de Garte; alli Faischter hai meh g'chlitzeret... e Jützgneräi isch iber allem glage! — derno bin so verwirlet gsi. — un derno bin i allei enaime hinge im e Schopf gschtange un ha mer's Harz üsgrine...
ANNELE
Un de hesch nit gwisst, ass i wage dir duregange bi !... — un am e scheene Dag hatt i e Angere fir e Liebschter gha.... Chänne aber so Büebe dumm si! — Ja, was hattsch aber o do, wenn i mit eme Angere ghirote hatt?!
DONI
I wusst nit, was gscheh wär...
ANNELE
Un ich wär im e Angere si Fräu gsi!... un ich wär mit eme Angere zamme gsi fir's Labe... un dü wärsch zruckchu üs dr Fremdi, un hattsch numme chänne lüege, wie mir als duregfahre wäre mit de Haiwage un mit enanger gschafft hatte! *(Auflachend)* Ja, was hattsch derno gmacht denne?!
DONI
I hatt mi villicht no chänne zwinge mankmol. — Aber i gläub, ass mankmol als doch 's Harz üfgschräue hatt ! — meinsch, as hatt mi als nit mankmol z'Nacht üsetribe in d'Fäischteri... un derno wär i villicht e Rung vor äierem Hüs gschtange, un hatt gseh, wie ass äieri Faischter so heiter sin, un hatt villicht di Stimm gheert,

wie ass de glacht hattsch, un froh gsi wärsch! I gläub, s' war färchterlig gsi!
ANNELE, *froh lachend*
Un ich hatt glacht din, un hatt nit emol nit gwisst dervo, ass dü lidsch wage m'r!
Man hört ein Geräusch draussen.
DONI
Loos, isch nit ebber duss?!
Sie sitzen eine Weile horchend.
ANNELE
Ja, i gläub o!
ANNELE *geht die Türe öffnen; ein* BETTLER *tritt ein: älterer Mann, zerlumpt, die abgehärmten Züge und das blasse, eingefallene Gesicht zeugen von tiefem Elend. Er setzt seine Worte mühsam und schüchtern.*
BATTLER
Um äiser liebe Härget's Wille, i bitt ech um e chleine Almose.
ANNELE *gibt ihm eine Münze.*
Hait dr scho ebbis z'Nacht gasse?
BATTLER
Nai, nonit, Maidle!
ANNELE
Setzet ech, i will ech ebbis hole!
Der BETTLER *setzt sich.* ANNELE *eilt in die Küche. Sie kommt zurück mit einer Schüssel Milch und einem Stück Brot.*
ANNELE
Do, chämmet an dr Tisch.
Der BETTLER *rückt seinen Stuhl zum Tisch. Er bricht mit zitternder Hand das Brot und isst. Man fühlt, dass tiefe Not auf seiner Seele lastet. Er scheint während des Essens nachzudenken und mit sich zu kämpfen. —* ANNELE *hat sich wieder neben* DONI *gesetzt. Sie kichern miteinander.* DONI *streicht* ANNELE *über das Haar.* ANNELE *lacht hell auf. — Der* BETTLER *hält mit Essen inne. Er sitzt grübelnd.*

ANNELE
Gschmeckt's ech nit?
BATTLER
Verzäihjet, jedes mol, wenn i jungi Lit seh, chunnt's ganze Eland wider iber mi!
ANNELE
Dir hait wohl scho vil mitgmacht?!
BATTLER
I ha als o nit mi ganz Labe so miesse umenanger läufe, verlumpt, im Eland! — d'Verzwiflig druckt eim dr Hals züe, wenn me so driber nohdankt. — —
ANNELE
Verzället is doch!
BATTLER, *mit sich kämpfend*
O ich ha n emol mi Hüs gha, un mi Fräu!... mr sin o als, wu n i no z'Büelschaft gange bi, so wie dir do binenanger gsasse, un mr hai gchitteret mitenanger un glacht. — 's isch mi Fräu worde, un mr hai gschafft mitenanger. — hundert mol 's dags, wenn i als in dr Schire gsi bi, bin i inegloffe in d'Chuchi, fir e Minüte bin em z'si... fir's e Aügeblick z'seh. — un mr hai haal üfglacht: «o, mr sätte doch gar nit vonenanger ewag miesse!»
ANNELE
Un si isch gschtorbe, äier Frau?
BATTLER, *leidenschaftlich*
Meh ass das! hingersinne sätt me si!... Verbrännt hai si mer's!
ANNELE, *erschreckt aufstehend*
Verbrännt?!
BATTLER
Do hai si's gholt... un hai's z'Altchilch vor's Gricht gfiehrt: e Hax säig's!... e Stall haig's verhaxt gha! As haig ein in dr Chilche an dr Wiehnachtnacht dur e Eggetezahn glüegt, un haig in's gseh hinger si lüege, wel si s'Altar net hät chänna àlüega. — — Pinigt hai si mer's un gmarteret, bis es bschtange het, ass es alles gsi

säig... derno hai si's z'Altchilch vor dr Stadt uss verbrännt. — mi hai si igschpärt gha, e Monet im Turm, derno hai si mi loh läufe.

DONI, *hingerissen*
Uefschräie sätt me vor Eland, wenn me so sache heere tüet!

BATTLER
I weiss nimmi, wie n i glabt ha.— Vier Wuche bin i wie n e wild tier im Wall umme gloffe. Wenn e Mensch chu isch, bin i em üsgwiche! Iberlütt üfgrine han i, wie ne chlei Ching! Stung lang bin i üf em Bode glage, un ha d'Hang in dr Grung ine verdulbe! Uef dr Platz bin i gange, wu si's verbrännt gha hai, un ha üfgschräue im Chib un im eland, un ha si Name gsait, hundertmol, täusigmol, un ha gmeint, as chännt nit wohr si, as chännt nit! As miesst wider chu — — drissig Johr isch's jetze!...

ANNELE
Drissig Johr!

BATTLER
Un i bi umenanger gloffe, im beschte Labe broche. Alli Arbet isch mr verleide gsi. — Fir wär hatt i o schaffe sälle?! 's Fall isch broch glage. — — in dr Stube, in dr Chuchi isch's so trürig gsi!... Alles isch so verlosse do gschtange! — derno bin i furt in d'Fremdi. — Wer hatt's denn no heim üshalte chänne, wu eim alles an in's erinneret het!

ANNELE
Das Eland!

BATTLER
Das isch nit numme fir zwei Johr! Das isch fir lang! fir's ganze labe!

ANNELE
Das gläub i, ass me so ebbis nit so schnall vergasse cha.

BATTLER
Mr geht's Lang ab un's Lang üf, un iberal seht me Lit wu schaffe üf'm Fall, un lit wu luschtig sin, un's Harz mächt eim verspringe! *(Nach einer Weile)* Das isch als 's schreckligschte gsi: in de Friehjohrsnacht, in dane beese, laihje, scheene Nacht: do ligt me

un stünt — un loost üse, un duss schmeckt alles eso güed, — und duss isch's Friehjohr! — 's Friehjohr. — Alles chimt un wird grien, un ei Tierle läuft im angere noh, un ei Wiremle im angere, un alli Garte stehn voll Maie, un alli Faischter un alli Chilchheef! — un as het nit emol kä Grab, mit e paar aremi Maie drüf, dankt me. — un so ligt me un tüet d'zähn üfenanger bisse un grint. — un me dankt: wie alles so scheen gsi isch, — un wie's in gräusame Schmarze het miesse verscheide, dankt me, — un wie alles gsi war, wenn me so hatt chänne labe mit enanger! — un so ligt me un dankt! un me grint lislig vor si ane, un's Harz mächt eim brache derbi. — me süecht si z'winge als: „i gläub, i chännt jetz emol Meischter warde iber mi!" — me frogt si salber, eb me nit gschäid worde säig! — Aber 's nutzt alles nit: 's Harz müess si üsgrine. Wehdo het's mr als ! Weh do het's mr!

DONI
'S isch färchterlig!

Der BETTLER *steht auf.* ANNELE *gibt ihm noch zwei Eier und ein Stück Brot.*

ANNELE
Do, namet das no mit fir üf dr Wag.

BATTLER, *abgehend*
Gott vergalt's ech vilmol, Maidle!

DONI
(Zu sich) Meint me nit mankmol, me miesst wie ne Sturmwing drifahre chänne! Mr miesst's üfnah mit aller Schlachtigkeit, mit aller Niedertracht, mit aller Dummheit! O, fir's üfz'nah, üf Labe un Tod, bis züem letschte Blüetstropfe mit ene! 's wäre vil: täusigi, millione!... d'Ibermacht war z'gross!... mr miesst ungergeh!... un doch... in de Nacht: ligt me nit un drehlt si, un cha nit schlofe, ass eb eim ebber z'Hilf riefet, ebber, wu plogt un im Eland isch, wu si nimmi erwähre cha !... Wu eim barmharzig um hilf rieft... uefschräie sätt me als grad in de Nacht !... Färchterlig ligt d'Fäischteri, d'Nacht üf ene! —*(Nach einigen Augenblicken Versunkenseins):* 's wird emol ein chu: e Grosser!

Er müess chu!... d' Walt cha doch nit so in dr Verzwiflig blibe!... ich seh-n-en scho sitze d'Nacht dure in siner stille Chammere! Si abmartere un danke, d'ganzi Nacht dure! Ganz im Mitlide züe de Mensche, wu so im Eland ungergeh tien. D'ganzi Verzwiflig vo ihrem Labe wird si Harz zammechrampfe!... un d' Mensche tien si Wort heere! Si tien späie noh-n-em! Späie tien si, wenn si numme si Name heere!... — Aber er heert ihri beesi Räde nitemol, so hankt er in Liebi an de Mensche!... Alles isch so gross, was er sait, alles isch so güed; — 's tüet ihr Harz doch zwinge! 'S Harz vo Millione!... — Kei Schitterhiffe warde meh brenne! Kei Sifzger wird meh in de fichte Müre von ere Folterchammere abstarbe! *(Entflammt)* Wie-n-e Chlanz wird's iber d'Walt chu!!

ANNELE, *am Fenster stehend*
So chumm doch züe m'r! Mir wai jo nit, ass numme därfe binenanger si! Mir wai jo numme labe mitenanger un schaffe mitenanger! Mir wai jo numme äiser Stube ha un äiser Chammere, un äiser Firschte un äiser Bett! Isch's denn nit alles, was mr hai vom Labe, die paar Stung, wu mr do därfe binenanger si...

ANNELE umarmt DONI. *Sie stehen schweigend. Es dunkelt.*
Es läutet Betzeit draussen.
ANNELE, *leise, in Pausen*
I ha di so garn! So garn!...
(In Träumerei) O, so chumm doch nächer!... Jetz bisch mi... Ganz... jetz... fir allewil!... i ha di doch so garn!... So sätt me chänne si: ganz in enanger üfgeh, ganz eis si... ei Chärper, ei Seel... eis in alli Ewigkeit ine!
Sie umarmt DONI *stürmisch. Sie stehen eine Weile schweigend.*
DONI, *leise, in Pausen*
Sehsch's, wie d'Zwatschgebaim im Blüescht in stehn?!... In's harz ine schmeckt's eim!... Wie ganz still ass jetz 's Därfle dooligt!... Heersch, wie ganz ane im Wall d'Chitzle briele tien!...
ANNELE, *nach einer Weile, leise*

Liebschter, bisch o so glicklig?!...
Sie stehen schweigend ans Fenster gelehnt, hinter den Geranienstöcken. Es läutet noch Betzeit. Pause.
ANNELE
Jetz isch dr Rosenchranz üs! Jetz chämme si üs dr Chilche! Jetz sitze bol d'Lit vor alle hiser un tien Firobe halte, un rüehje üs, un verzälle un lache un singe Lieder...
DONI
D'Mensche sin besser so in de Summernacht! Mr sätt gar nit meine, ass es so bol wider Tag wurd! Ass so gli 's Eland wider iber d'Mensche chäm: 's Zammewüechere, dr Verbäuscht, 's beese Schwatze, d'Fraid, wenn e Nochber in's Eland chunt!... Wenn's doch nie Dag wurd!...
ANNELE
I halt jo züe dir, un wenn d'ganzi Walt in dr Schlachtigkeit versinke tät!
DONI *nimmt* ANNELE'S *Kopf in beide Hände.*
So mächt i labe, mit dir, mi Labe... so do in dr Haimet!... Un äiser Hüs ha do mitenanger, un äiser Stube un äiser Bett. Un äiseri Chaltnacht mitenanger ha im Winter, wu ne Fir e güedi Wärmi git, un äiseri Summerobe, un vor dr Hüstire sitze, un züeloose, wenn im Därfle enaime d'Büebe un d'Maidle mitenanger ihri alti Lieder singe, un chittere tien mitenanger un lache...un so mächt i schaffe fir di, un froh un fräi dur d'Gasse geh un dr Chopf hoch hebe!... so... mit dir... do in dr Haimet!
Pause.
Es ist einstweilen dunkler geworden. MUTTER VRENI *bringt ein brennendes Kienspanlicht und stellt es auf den Tisch. Sie geht in den Flur.* DONI *und* ANNELE *setzen sich auf die Bank hinter dem Tisch.* DONI *spielt mit* ANNELE'S *Hand.* ANNELE *schaut selig versunken in die Flamme. Man hört draussen in der Ferne ein Volkslied verklingen.* ANNELE, *in glückseliger Versunkenheit*

So isch's so scheen, so z'halbanger! As isch eim so wohl so! *(Nach einer Weile)* Wie heimelig ass 's liecht flackeret in d'Fäischteri ine!
Sie legt ihr Gesicht beglückt auf DONI'S *Hände.*
ANNELE, *nach einer Weile*
I ha allewil so Angscht um di... mr chännte emol so gäch üsenanger grisse warde... As chännt dr ebbis gscheh!... As chännt eis vom angere ewagstarbe... I lid als so, wenn i driber nohdank.
Sie umarmt ihn.
DONI
Dü lieb dumm Maidle! Wurum machsch dr denn allewil so Gedanke?!
ANNELE
I cha nit derfir; aber es falle mr allewil so beesi Sache i!... das isch villicht numme, wil mi Harz so an dr hankt... mr sätt doch allewil so därfe binenanger si. Dü, Lieber, dü!...
Das Lied draussen bricht ab. MUTTER VRENI *kommt hereingeeilt.*
MÜEDER VRENI
Was das numme isch?!... — d'Altchilcher Landschnachte sin im Därfle... eb si acht ebber vor's Gricht hole wai? *(Sie eilt an's Fenster. — Nach einer Weile :)* Sie chämme d'Stross üf!... Wu si acht ane gehn?!... *(Nach einer Weile, erschreckt auffahrend:)* Si chämme gäge's Hüs!!
ANNELE, *aufstehend, erschrocken*
Do, gäge's Hüs?!...
Man hört Stimmen draussen. Die Türe wird aufgerissen.
LANDSKNECHTE *treten ein.*
LANDSCHNACHT
Das isch si, d'Hax!
Sie gehen auf ANNELE *zu.*
ANNELE, *aufschreiend*
O dü barmharzige Härget im Himmel!!
DONI *stellt sich vor* ANNELE.

Was wait dr vo dam Maidle?!...
(Die LANDSKNECHTE *stossen ihn zur Seite und wollen* ANNELE *fassen.* DONI *stürzt sich in Verzweiflung zwischen* ANNELE *und die* LANDSKNECHTE. *Aufschreiend:)* Vo dam Maidle ewag sag i!!
Die LANDSKNECHTE *stürzen sich auf ihn. Handgemenge.*
ANNELE, *aufschreiend, zusammenbrechend*
O Gott! Doni! Doni!...

Der Vorhang fällt.

II. AKT

Beim MAIER *von* WEILER. *Grasgarten, dicht voll blühender Apfel- und Birnbäume.* RECHTS *und* LINKS *ein lebendiger Zaun von Hecken. Im Hintergrund die Hinterwand einer Scheune: Fachwerkwand, tiefniederhängendes Dach. Eine Türe und ein kleines Stallfenster schauen in den Garten. Unter dem Dach ist eine lange Leiter aufgehängt. An der Scheunenwand liegen Holzwellen aufgeschichtet. Der Garten steht in hohem, blumigem Gras. Ein Stück des Gartens ist abgemäht. Quer durch den Garten geht ein Fussweg.*
Morgensonne schaut herrlich strahlend durch die blühenden Wipfel; malt Streifen Goldes auf den grünen Grund. Der Raum ist voll Vogelgezwitschers. — Die MAIERIN *bringt einen Korb Wäsche in den Garten. Sie ist eine Bäuerin um die 50 Jahre alt, stark gebaut, gesundes blühendes Aussehen. Sie beginnt im abgemähten Teil des Gartens Wäsche aufzuhängen: Gute bäuerische Stücke aus selbstgefertigten Stoffen. Sie trägt ein einfach bäuerisch farbenes Kleid, und um den Kopf ein weisses Kopftuch.*
Eine andere BÄUERIN *kommt den Fussweg daher durch den Garten. Sie hat einen leeren Korb am Arm.*
BÜRSFRÄU
Dr hait e güedi Büchi gha hite.
MAIERI

Mr müess e Sach wider in Ornig bringe, so lang ass 's Watter haltet. I gläub jetz o, ass mr e Zitlang scheen hai.
BÜRSFRÄU
As isch o ne häärlig Watter date. Wenn me dankt het: 's isch no kä manke so güede Dag gsi, das Johr. Wie scheen ass 's Blüescht isch! Wenn's kä Froscht meh git, so git's obs das Johr, ass es scho lang nimmi so vil gah het! E sage Gottis isch's!
MAIERI
I wett, ass morn 's ganze Därfle z'Altchilch isch.
BÜRSFRÄU
Das glaub i o! Bi soneme Watter! As isch o scho drissig Johr kä Wibsbild vo hie meh wage Haxeräi vor em Gricht gsi!
MAIERI
Wer ass das gläubt hatt vo dam Annele. — In e jedem angere Maidle hatt i's ehnder züezällt ass in im! —
BÜRSFRÄU
So cha me als geh drüf!
MAIERI
Un 's het si doch allewil ass sone brav güet Maidle gschtellt. — I weiss, wenn's als z'Chalte chu isch.
BÜRSFRÄU, *spöttisch*
Un wie-n-i gheert ha, haig em dr Doni als wälle nohdiche...
MAIERI
Jo nai! Er het emol grad ane wälle geh, vor eb er üf d'Walz isch. Aber mir hai em abgwährt, un derno isch er nimmi gange.
BÜRSFRÄU
Er säll aber jetz sitter ass er heim isch, als all Obe dert gsi si... I sag's jo numme, wie's d'Lit sage.
MAIERI, *lauter werdend*
Das isch nit wohr! nai! was bildsch dr i?!
BÜRSFRÄU
I ha's o salber dankt, ass dir's nie igange wäret.
MAIERI
Nai! Nai! Das chasch dr begriffe!

BÜRSFRÄU
Wenn i no dra dank: sallemols, wu si's Barbara verbrännt hai! I bi sallemols grad fufzäh Johr alt gsi. Grad 's Hüs nabe-nan-is het's gwohnt… Alli Lit hatte gsait, 's säig d'brävschti Seel üs'm Dorf. Kä Tierle het's beleidigt… O Gott! was es alles bschtange het vor em Gricht!
MAIERI
So cha me als meine…
BÜRSFRÄU
Zäh Johr lang het's es tribe. Meh ass hundert mol isch's üf de wieschte gottlose Haxetanz gsi. E Hagelwatter het's gmacht gha, wu-n-is d'ganxi Arn verschlage het!…
MAIERI
So passiert eim als e Unglick un 's weiss nieme, wu 's har chunnt.
BÜRSFRÄU
Wenn i no dra dank, wie als's Vieh unriehjig gsi isch, so in de Nacht,… wie 's als grisse het an de Chättene. 'S isch grad gsi, ass wenn e Wing's Chämmi ab fahre tät… Vor em Gricht het's es jo bschtange, ass es üf's Gheiss vom beese Geischt äiser Hüs verhaxt haig… un derwilscht hat's es si als gschtellt ass wie ne Heiligi! 'S hatte alli lit d'Hang in's Fir glegt fir's. — so isch's jetz o mit em Annele! *(Nach einer Weile)* I müess schnall no geh-n-e Gmiesle hole üf'm Acker. 'S isch hechschti Zit, fir ass i's Asse rischt.
MAIERI
Chunsch e weni z'Stubete hinecht?
BÜRSFRÄU
Jo, i will lüege!
Die BÄUERIN *entfernt sich. Die* MAIERIN *hängt wieder Wäsche auf. Nach einer Weile kommt der* MAIER *den Fussweg herauf.*
MAIERI, *ihn erblickend*
Hait dr färig gmacht üf'm Fall?!… Wu isch dr Doni?!…
MAIER

I gläub alles, mr erlabe no ebbis mit em!
Maieri
Isch er nit mitchu?!...
Maier
Dr ganz Morge het er wider gschtümt! Er red nit!... Er sitzt umenanger. — mr hatte's numme friehjer nie züegah sälle, ass er dam Maidle nohgeht.
Maieri
Mr chänne is kä Vorwurf mache! Mr hai's em jo gnüe gwährt: er cha si doch nit an e Maidle hanke, wu si als Hax verbränne wai!
Maier
Er losst si aber o nit sage gäge's! I gläub alles, ass mr no beesi Sache hai mit em.
Die Maierin *nimmt ihren Korb und entfernt sich. Der* Maier *folgt ihr. Die Bühne bleibt einige Augenblicke leer.*
Einige Mädchen *und* Burschen *kommen das Weglein herauf, vom Feld her. Die* Burschen *haben Sensen auf dem Arm; ein* Mädchen *trägt einen Korb mit einem weissen Tüchlein zugedeckt.*
Die Mädchen *singen:*
Jetz fangt das scheene Friehjohr a
un alles fangt jetz z'bliehje a !
es bliehjt e Maiele üf em Fall.
d'Chranket isch scho in dr Walt.
d'Chranket isch e härti Büess
un i weiss wohl ass i starbe müess,
es chämme vier manner un trage mi üse;
si trage mi üf dr Chilchhof üse.
si grabe mi i un si decke mi züe,
derno schlof i züe dr ewige Rüeh,
es bliehje dräi Resele üf mim Grab,
o Schatzele, chumm, o brich dr si ab.
's erschte isch wiss, 's zweite isch rot,
's dritte bedittet dr bitter Tod.

Ein BURSCHE *stösst einen Jauchzer aus. Er fasst eines der* MÄDCHEN *um die Hüften.*
MAIDLE. *Sie schlägt nach ihm.*
Bisch bol riehjig jetze!
BUEB
Zeig, was hesch no Güed's in dim Chorb?!
MAIDLE
As isch nit z'lüege do! *(Sie nimmt ihm lachend den Korb weg. Er fasst sie wieder und will sie*
küssen. Sie wehrt sich lachend und schlägt nach ihm :) Bisch denn nit bol riehjig jetze?!
Sie entfernen sich lachend. Man hört noch von ferne lustig ihre Stimmen und die Jauchzer der Burschen.
Die Bühne bleibt einige Augenblicke leer.
DONI *und* LÜWISLE, *die Freundin* ANNELE'S, *kommen den Feldweg daher.*
DONI
Also e Hax isch's, Lüwisle!
LÜWISLE
Ehnder wäre d'ganze Walt Haxe, ass as eini wär!...
DONI
Un doch isch's jetz dert in dane fichte Müre in un verzwiflet un verstümt! Un seht nit vor si ass dr Tod! Isch's nit färchterlig?!
LÜWISLE, *mit sich kämpfend*
De müesch no nit verzwifle. I ha allewil so d'Empfindig im Harz, ass es wider zruckchunnt. As es si üestellt, as es unschuldig isch...
DONI, *in Schwermut*
Lüeg, i wott i sturb!
LÜWISLE
So verzwifle därf me aber doch nit gli!
DONI
I stüm als d'Nacht dure! I briel als üf! I gang als an's Faischter un schräi üf in d'Fäischteri ine.

LÜWISLE
Me därf doch nit gli 's Beeschte danke!
DONI
I mein, 's cha doch nit si, ass si mer's umbringe!... Fir wär hani denne glabt?!... Fir was hani gschafft?!... Was i do ha,...was i dankt ha,... iber allem isch e Chlanz glage, will's fir in's gsi isch!... — un jetz het alles kä Wart me fir mi!
LÜWISLE
Das areme Maidle!
DONI
Lüeg Lüwisle, i ha als gmeint gha, mir wotte do mitenanger labe! I ha do wälle schaffe fir's! I ha wälle mache, as es si Labe dure glicklig sätt si! — Un was wird jetze drüss?! — — As cha's doch sicher nit emol üshalte, dert in, wu si's inegfiehrt hai, wu's doch vor em Johr so üf dr Tod chrank gsi isch. — —
LÜWISLE
Aber mach dr doch jetz 's Harz nit so schwär; de müesch danke: 's isch jo no nit alles verlore.
(LÜWISLE *drückt* DONI *aus Mitgefühl die Hand.*) Galt, mr wai d'Hoffnig nit verliere?!
Sie entfernt sich langsam. DONI *setzt sich grübelnd auf einen Baumstamm.*
DONI
Was müess es denn lide jetze... dert in... üf e weni Sträu dert!... Müess es denn nit schräie noh mr Dag un Nacht?!... Un do bin i... miessig, an cha nit tue fir's!... un d'Hang im Schoss müess i züelüege, wie si mer's umbringe wai!...
Die MAIERIN *kommt.*
MAIERI
Loos doch, Doni! Loss die Müeder doch e Wort räde mit dr... De tätsch doch lieber im Vatter e weni geh halfe, ass am heitere Dag do ane z'sitze un z'stüme.
DONI
Was het's denn fir e Wart meh fir mi, ass i schaff!

MAIERI
Wenn de halt z'Labe hesch ohne gschafft...
DONI
Fir wär säll i denn meh schaffe?!... Das wu-n-i ha wälle schaffe fir's bringe si mr jo um!...
MAIERI
Fir äis hesch nit z'schaffe!... Mir hai di nit üferzoge un hai gschafft fir di?!...
DONI
Ja, dir hait gschafft fir mi! I weiss es! I will's ech danke! Aber i hingersinn mi no d'Nacht dure. *(Er steht grübelnd.)* I seh alles so färchterlig vor m'r!... Wie-n-e Eineedi miesst mer's Labe si ohne ins!... — *(Gepresst)* Lüeg, wenn si mer's umbringe, an dr erschte Büeche hank i mi üf!
MAIERI, *aufweinend*
O Gott, hai mr das verdient an dr!...
DONI
Het as es verdient, ass mer's so martere tüet?! ...
MAIERI
I ha's scho lang vorüsg'ahnt, ass mr emol beesi Sache erlabe mit dr! I ha dr lang gnüe gredt, de sällsch nit mit dam Maidle z'tüe ha!
DONI
Müeder! Wie-n-e Chlanz isch's in mi arm eland Labe ine chu, das Maidle! Was bin i denn gs'i, vor eb is g'chennt ha?!... Wie ass e-n-Angel isch's unger dane chleine rachsichtige Mensche ummegange.
Der MAIER *ist in den Garten gekommen.*
MAIER
Mr hai di gwarnt. Meh chänne mr nit tü! Wenn de halt nit loose wit...
DONI
Gwarnt?!... Isch's denn nit meh ass ich?!... Isch's denn nit besser ass ich, Vatter?!

MAIER, *heftig*
An e Hax hesch di ghankt! De risch is no all in's Verdärbe!...
DONI
Wie-n-e Heiligi isch's, Vatter, wu üf äiser Arde chu isch.
MAIER
Mr warde's scho seh vor em Gricht morn!...
DONI
Wie isch's gross iber ihrer Rachsucht un ihrer Schlachtigkeit!
MAIER
As isch dr nit z'halfe!
DONI
Nai, 's isch mr nit z'halfe! I ha's doch lieber ass ech alli!... Ass äich!... Ass d'ganzi Walt! Was het's denne o wälle von ech?! An nit isch si Harz ghonke, ass an ere Stube, wu mr hatte chänne labe mitenanger un glicklig si, die paar dag wu mr do üf dr Walt sin. As het jo numme bi mir si wälle! As isch so glicklig gsi, wenn's mr het chänne e Fraid mache! As het so Fraid gha dra, wenn's ebberm het halfe chänne!... Das isch si ganz Verbrache! — — Was hait dir em do derfir! In fichti Müre hait der's inekäit, un weit's umbringe! E schreckligi Tod säll's starbe! 'S isch färchterlig!
MAIERI, *verzweifelt*
Büeb, i bitt di, loos üf dini Eltere!... Mr meine's doch nit schlacht mit dr!
DONI
Bin i nit als enaime hinger de Schäpf im e Grasgarte glage, un ha üfglacht, un ha als grine vor Fraid, un ha gar nit gwisst, wurum ass i grin?!... Numme wil as do im Därfle glabt het!... Erscht wun-i ins jo gchännt ha, hani gseh, in was fir eme Paradies in ass mr labe! Bin i nit als alli Matte üss gloffe, un ha mi in's Gras inekäit, un ha gjüzgnet un ha gschräue vor Fraid!... Numme will d'Sunne am Himmel gschtange isch un üf d'Schopfdacher gschine het! Ass as das het chänne mache üs mr! Ass as mr sone Glick het chänne bringe?! Das müess doch nit vo dare Arde, vo äis arme

Mensche üs geh, ass eim so ebbis gscheh cha!... E Wunder Gottis isch's!...
MAIER
Dü bisch halt jetz bees versasse ins!
DONI
Bin i nit als o ne chleine verbäuschtige Mensch gsi, wie si all sin, vor eb i ins gchännt ha! Dur ins hani jo erscht gschpirt in mr, was eigentlig 's Labe isch! Dur ins hani erscht chlar gseh, wie si labe tien, die Millione vo Mensche do üf dr Walt! Wie ass si si risse drum, ass jeder a scheenere chlanzige Stei am Hals hanke het, jeder e gresseri guldigi Chättene... grad ass wie si d'Hing um e abg'nagt Bei risse tien!... un kein weiss meh, wie si all glicklig si chännte, wenn si doch nit so ein dr anger abedrucke wotte, um ebbis z'Wille, wo doch numme e armsälig Metall, e wartlose chlanzige Stei isch!... *(Leidenschaftlich)* O! Anstatt ass si seh tien, wie ne millionefacher Chlanz um si umme, iber de Garte, iber de Bärge ligt: e Chlanz, gäge da isch's Chlanze vo ihre edelstei nit! Wu doch alli Pracht un alli Häärligkeit fir alli Mensche do isch, so lang ass si salber drin mitlabe un drin mitbliehje tien! *(Nachdenklich)* Bin i nit als d'Nacht dure glage, un ha nohdankt, wie as vil besser isch ass ich... Un ha als grine so iberm Nohdanke, un ha's nit begriffe chänne, wie ass me so güed cha si, wie as isch!... Dur ins hani's gschpirt, ass es nit alles si cha, das Labe do, mit dane chleine aremsälige Handleräie vo de Lit. As müess doch e hecher Labe gab! As müess doch ebbis gah: e Labe, wit hinger allem, was mr erdanke chänne. — — so ebbis, wie dr letscht Chlanz vom Bliehje vo äisere Garte... so ebbis, wie ne Chlang, wu in de nacht dur's Holz dure zitteret... Ganz wit hinger allem, was mr begriffe chänne... un doch e Lebandigsi: so ne z'halbangersi in ebbis, wu ganz e Seel isch... in ere grosse Liebi...
MAIERI, *bittend*
Loss di doch züem Verstang bringe!
DONI, *in höchster Leidenschaft*

Nai, dir risset mer's nit züem Harz üse! As verzwiflet jetz dert inne! Un dir wait mi jetz derzüe bringe, ass is verloh säll, jetz, wu's im Eland isch! Wu's lidet un täusigmol 's dags an mi dankt!
Die BÄUERIN *kommt mit einem Korb Gemüse zurück. Sie hört einen Augenblick zu.*
BÜRSFRÄU
(Zu DONI*)* Ja Doni, de sätsch üf dini Eltere loose. Si meine's nit schlacht mit dr! An e Hax cha me si nit hanke!
DONI, *aufbrausend*
Wer chunnt denn derzüe, fir ebbis z'sage iber's?!
BÜRSFRÄU
I chenn dini Eltere scho sitter ass mr Ching gsi sin... I mein's doch sicher o nit schlacht mit dir. I chännt doch nit züelüege, ass de dur e Hax salber in's Eland chu tätsch!... 'S ganzi Därfle red jo dervo!...
DONI, *spöttisch*
Was wisse si denn im ganze Därfle scho von em?!...
BÜRSFRÄU
Steinige täte si's, wenn's do wär! Ass es im e arme Ching in ere Wagle ebbis het chänne z'leid tüe...
DONI
Ass es im e Ching ebbis z'leid do het?...
BÜRSFRÄU
Bi's Lütze Peter säig's emol z'Stubete chu! Wie's inechu isch, het 's Ching in dr Wagle aagfange z'grine. As isch an d'Wagle gange, un het's üf dr Arm gnu... Vier Wuche lang het das areme Wiremle zwische Labe un Tod grablet, ass si äiser Härget hatt mächte erbarme drab. Müess nit e Mensch e Stei im Lib ha, anstatt e Harz, fir so ebbis chänne z'tüe?!...
MAIERI
Ja gwiss!
BÜRSFRÄU
Müess eim so ebbis nit beelande! Un no vil angeri Sache verzällt me von em!... 's isch güed, ass es jetz emol üschu isch. Ass es

doletscht die Fillerer Hax, wu si z'Altchilch verbrännt hai, gsait het, ass es z'Fillere üf'm Haxetanz gsi säig.

DONI
Natirlig weis jo jetze jeder im Dorf ebbis von em!

MAIERI, *heftig*
So gang denn geh lose, was d'Lit alles sage vo dim Maidle!!

DONI, *im Zorn*
As säll ein dr Müet derzüe ha, fir unger mine Aüge ebbis z'sage iber's!... — O jetz seh'ni chlar iber ech!...

MAIERI
Loss di doch um's Gotteswille züem Verstang bringe!

DONI
Jetz seh'n is vor mr, alles was mr cho aagrichte hai, mir Mensche: täusigi vo brennigi Schitterhiffe! täusigi un wider täusigi vo areme gmarterte Wiber in äiere Folterchammere, aabunge in äiere fäichtere Tirm in!... (*Schmerzlich, die Fäuste an die Stirn drückend, verzweifelt:*) Jetz gschpir is, was si glitte hai, die Vili, Vili, wenn si ech als hai here johle dusse un plange! Tätet dr doch emol ihr Todesverzwiflig im Harz gschpire!!... — Gar nit labe mächt mr! Sind dr denn so sicher mit äiere Haxe?!... Alles isch Verblandig vo äiere aremsälige chleine Hirn!... Jetz begriff i! Färchterlig sind dr!

MAIER, *aufgebracht*
Dü bringch is all in's Eland mit dine Räde!

DONI, *in Erregung*
D'Hang tät i in's Fir läge fir's!

MAIERI
Mit so Räde müesch do nit chu!

BÜRSFRÄU
As het Haxe gah, scho sitter ass d'Walt steht!

DONI
Fascht alle in äierem Labe isch nit ass Verblandig, Ibildig!

MAIER

As git Lit, wu meh wisse ass dü, wu sage, ass es Haxe git. Frog emol ein vo äisere glehrte Hääre, wenn de so gschäid witt si ! — — Iberhäupt wai mr jetz iber so sache nit nohgrible!
DONI
Aeieri stüdierti Hääre süeche in aremsälige verstäubte Biecher umme! Allewil meh verdumme si in ihre latinische Gschichte! Un kein weiss meh, ass d'Sunne duss frehlig iberm Büechewall lige tüet! Kein weiss meh, ass es alles isch, da Chlanz vo de Garte in si z'gschpire, die paar Dag, wu mr gsung sin, die paar Johr, vor eb mr im Grab verfüle tien!
MAIERI
De waisch schints meh ass e Dokter!
DONI
I bi gottlob kein vo äiere Dokter, numme-n-e Mensch, wu ne Harz im Lib het, bin i!
BÜRSFRÄU, *abgehend*
Gott säll is bhiete vor so chatzerische Räde!
MAIER
Dü bringsch is no all in's Verdärbe mit dine üfriehrerische Räderäie! Siter ass de üf dr Walz gsi bisch, hesch nit ass die Plaan vo dam Chatzer im Chopf, wu de als verzällsch von em!
DONI
Wenn dr en doch gchennt hattet, da Chatzer! Wie ne grosse Friede geht's mr dur d'Seel, wenn i an en dank! E ehrwirdige glehrte Häär isch's gsi! Uef dr Platz isch er ane chu, wu si e Hax verbrännt hai. E Chritz het er ne aneghebt, de Lit, wu dert gschtange sin. «Träuet dr no üfzlüege züe Dam do?!» het er grüefe, «wu dr so Verbrache tient! Aller äier Haxegläube isch Lug, isch Eland! Cheret um un wardet doch wider Mensche! »... Igschpärt hai si en! Vor's Gricht gfiehrt! Gmartheret hai si en, bis ass er bschtange het in de Schmarze, er haig üf's Gheiss vom beese Geischt so räde miesse! Bis er sini Wort, wu-n-er im grosse Mitlide gred gha het, widerrüefe het, un gsait het, as gäb doch Haxe. Wage Chatzeräi hai si en verbrännt vor dr Stadt uss...

Täusigmol hani si Bild vor mr gseh sitter! Was het's in de Nacht als üfgschräue in mr wage-n-em!... As isch no einer unger ech gsi, wu Mensch gsi isch, dr hait en umbrocht!

MAIER
I bitt di Doni, sag mr nit gäge d'Obrigkeit!

DONI
Di Obrigkeit isch glich wie dini Büre. Aremi verdummti Mensche sin's... — — As es doch emol angerscht wurd!!... So gang denn jetz züe diner Obrigkeit, un tüe doch ebbis fir's! Dü bisch nit wie-n-e Vatter gäge mi!...

MAIERI
Di Vatter meint's sicher nit schlacht mit dr! Wenn de doch loose wottsch üf is!...

DONI
Nai, dir sind nit wie Eltere gäge mi!

MAIER
Mir säige nit wie Eltere!... Das macht eim weh, wenn e Ching so räde tüet mit eim!... Wenn's numme alli so güed meine täte mit dr, wie mir's meine.

DONI
Wurum begriffet dr's denn nit, wie-n-i an em hank! So üs dr ganze Seel an em hank!... Wit denn nit tüe fir das areme Gschäpf?!...

MAIER
I seh nit, was i mache cha! — —

DONI
Dü als Maier vom Dorf! Gang doch züe de Hääre! Sag's ene, de stehsch derfir, ass es nieme nit z'Leid do het! Das chasch doch: de tätsch isteh derfir mit dim Labe, ass es kei Hax isch! Chasch denn nit emol das?!... Wenn ich ebbis tüe chännt fir's, bis an's And vo dr Walt gäng i! ... Lüeg, i briel als d'Nacht dure! — — I bitt di drumm! So gang doch!...

MAIER
Un wenn i o gang! Vor's Glicht chunnt's wällewag!

DONI
Lüeg's Labe um di umme! dur Millione vo Ederle läuft's dur d'Walt! An de Spitz vo de Grashalme zitteret's! Dur alli Hirscht, dur alli Zwig geht dr Saft jetze! Er jast ganz in ene! Er versprangt si fascht! Alles will wachse jetze! Jetz, wu's Friehjohr isch!... Müess es eim nit's Harz aagriffe, wenn me gschpirt, wie alles um eim lebandig isch!... As schüdert mi, fir numme-n-e Blatt abzrisse,... fir mit rüche Hang in das Labandigsi inezgriffe! I mein, as miesst derdur e Odere vo dr Walt üfgrisse warde!... Un dir tient jetz in's, in's wu-n-i am liebschte ha, wu doch's häärligschte isch vo allem, in die fäischteri Müre inekäie, un wait mer's umbringe, wu's doch e Racht drüf het, mit nur z'labe e paar Johr in dam Chlanz in...
MAIER
Vor em Gricht stellt's es si scho üse, eb's unschuldig isch.
DONI
Seh-n-i denn d'Walt angerscht, ass dir si sehnt?!... Iber allem Danke von ech, iber allem was dr tient, was der schaffet, iber aller Fraid von ech, iber allem Eland, wu dr enanger machet, — iber allem Bliehje vo de Garte, iber aller Plog vo äiere fäischtere Tirm, heer i schwär d'Zit dureläufe in d'Ewigkeit ine... standig... wie-n-e Uehr... isch nit das 's tiefschte wu mr begriffe chänne: as alles labt un alles dureläuft.
MAIER
As mag halt vil gah, was mir Mensche nit versteh tien.
DONI
Hait dr En nie gseh, so vor ech, — wie's im Evangeli steht, — so dert am Barg steh un prädige: «halfet enanger! Ploget doch enanger nit!»... Wenn dr doch derno labe wottet!! Dank doch: das Friehjohr do im Dorf; wenn im Bliehje vo de Baim d'Hiser vergrabe sin, wenn's wie ne Chlanz iber alle Schopfdacher, alli Chuchistapfle ligt!... Die Summer, wenn im brietig wareme Luft dr Weise zittigt!... Die Härbscht, wu d'Blätter gal warde; — wenn me z'Waid geht; — wenn e jed Hüs so still im Nabel in steht, ass

me meint, as tät ganz allei mit si nohstüme!... Die Winter, wenn me d'ganzi Dage dure d'Flägel chlopfe hert!... War's nit e Paradies 's Därfle, wenn doch nit d'Mensche enanger so martere un ploge täte.
MAIER
Das isch jo alles scheen un güed, aber e Racht müess doch do si!
DONI
As isch wit har mit äierem Racht!
MAIER
Do cha nieme nit driber sage... As bschtehn äiseri Gsetzer! Mr hai äiseri Richter, wu ehrewarti Manner sin: Maier üs de Därfer do!... As müess e Grachtigkeit bschteh!
DONI
I seh si vor mr, äier Grachtigkeit! Z'Lupstei nide lige täusigi vo äisere Vattere umbrocht; z'Dammerchilch ligt dr Chilchhof voll; z'Oberlarg... dert lige si un füle fir's Racht!... *(Spöttisch)* Alli sin jo fir's Racht umchu!... 'S Harz im Lib chrampft's eim zamme, wenn me nabe me Chilchhof duregeht. Was isch alles fir Eland in d'Walt chu, fir das, wu dr e Racht heiset!... Was hait dr nit alles Verbrache do, im Name vo äierer Grachtigkeit?!
MAIER
Dü machsch'is no all unglicklig!
DONI *tritt mit dem Fuss auf den Boden.*
Aremsälig Volk!... isch denn keiner meh do, wu träut e Sagese in d'Hang z'n ah, wenn's gilt, e arm unschuldig Ching üs de Märderchläue üsez'risse!
MAIERI, *aufweinend*
Witt is denn mit Fliss in's Eland bringe!... Weisch denn nit ass d'Wang Ohre hai?!
MAIER
Mr sin dini Eltere! Mr wai dur di nit unglicklig warde! — Wenn de so üfriehrerisch redsch, hesch dü bi äis nit meh z'süeche!...
DONI, *aufschreiend*

Was chänne si mr tue, dini Hääre?!... Do stang i! Do! Gäge alli Ungrachtigkeit, gäge's ganze Eland vo äiserer Zit!... Was chännet dr mr tüe?!... I cha jo nit meh as starbe! Züem Verzwifle isch's jo, das Labe unger ech z'seh! Wenn dr ins umbringet, chännet dr mi jo derzüe umbringe! 'S geht jo mitenanger!!
MAIERI. *Sie fleht ihn an.*
Um's Gotteswille Doni!...
MAIER
So revoltiere wie vor sibezig Johr äiseri Vattere, meinsch villicht?!
DONI
Alles revoltiere änderet gar nit, wenn dr nit Mensche wardet! Wenn o all äier Eland üs dr Walt chännt gschafft warde! Wenn äieri Dokter alli äieri Chrankete chännte heile, ass es alles numme no Gsungi gäb,... wenn alli äieri Miehj um äier täglig Brod nimmi wär,... in äieri Seele täte dr ech wider täusig un täusig Bilder mache, vo Sache, wu gar kä Wirklikeit hai, wu witter nit sin ass e Träum, un tätet enanger ploge derwage un in's Grab bringe... Vor sibezig Johr, äiseri Vattere: d'Sagese hai si vo dr Wang gnu! Fräi hai si welle si! Was isch worde?! Blüet un Fir un Eland im Lang! Wäre si doch z'erscht fräi gsi in ihre Seele; si alli z'erscht güedi Mensche gsi, wu gwisst hatte, was si wälle hai!... So het jo nit chänne warde drüss!... *(Begeistert:)* O, i seh's scho vor mr: e Zit... e anger Revoltiere: in Millione vo Harze räd's! In Millione wird d'Liebi lebandig! Si gschpire's, ass Mensch wider züe Mensch ghert! Wie-n-e Chlanz ligt's iber dr Walt! Dr Bür fiehrt si Pflüeg iber's Fall, fir ass Brod wachst fir all! Dr Waber schafft fir Chleider... So labt ein fir dr anger briederlig!
MAIERI
So war's scheen... ja... wenn's so war!... Wenn's so si chännt!...
DER MAIER *steht grübelnd*
DONI
Dur d'Därfer mächt i laufe! Dur d'Städt! Uefschräie mächt i! Täusigi mächt i um mi umme ha... mit chlanzige Aeuge!

Hunderttäusigi! Ues ihre Chläue mächt i's risse! Uef en springe mächt i, wer mim Maidle ebbis tue wott !... — un doch: ... i wott doch in keim Mensch nit z'Leid tüe,... kei mensch lide mache!... I gänn doch alle das bitzi Sunne, wu si aaschint, die paar Dag, wu si do üf dr Walt sin!... *(Resigniert)* Gäge wer miesst i denn geh?! Gäge d'Richter?! Maier üs de Därfer do?!... Nai! Gäge alli Mensche miesst i geh, ...gäge Millione;... gäge äiseri ganzi Zit!...
MAIER
Chumm rischt mr mi Chleid! I will furt!...
MAIERI
Wu ane wit geh?!...
MAIER
I gang üf Altchilch. Villicht ass i doch no ebbis tüe cha fir's! — —
Der MAIER *und die* MAIERIN *entfernen sich.* DONI *schaut ihnen einige Augenblicke versunken nach.*
DONI, *nach einer Weile*
Er geht. — — Isch's villicht doch nit so, ass all so rachsichtig sin! Ass si so tief abegsunke sin! — —
(Plötzlich in Leidenschaft; halb aufweinend, halb schreiend) O Gott! Ass müess doch wider zruckchu, wu mi Harz so noh-n-em üfschräit, Dag un Nacht!!...

Vorhang

III. AKT

MALEFIZGERICHTSSAAL *in* ALTKIRCH. *Gotischer Saal.*
1. MAGD
D'Hääre warde allewag bol chu.
2. MAGD
Mr wai jetze o d'Faischter züemache.
Sie geht an ein Fenster. An der Türe, die nach dem Flur geht, erscheint MUTTER VRENI. *Sie trägt bäuerische Sonntagskleidung.*

Sie tritt über die Schwelle; sie schaut sich ängstlich und verstört um, dann verschwindet sie wieder im Flur.
1. MAGD
Die Fräu isch no duss.
2. MAGD
Scho sitter um vieri hit Morge steht si an dr Tire un wartet.
1. MAGD
'S isch d'Müeder vo dr Hax.
Man hört Stimmengewirr und Gejohle draussen.
1. MAGD
I gläub, üs alle Därfer chämme d'Lit geh loose.
2. MAGD
Ganz Altchilch isch üf de Bei.
1. MAGD
Wenn si nit bol d'Dire üfmache, schlage si si allewag no i, so sin si üfgregt.
2. MAGD
Si hai jo nit alli Platz im Saal.
Sie entfernen sich
Ein GERICHTSDIENER *tritt ein. Er ist gefolgt von* MUTTER VRENI, *die sich ängstlich umschaut.*
GRICHTSDIENER
Do chännet dr ech ewil üf e Bank setze. D'Hääre Richter chämme allewag gli do dure jetz.
MÜEDER VRENI, *ängstlich*
Häär…! Cha mr o räde mit dane Hääre…
GRICHTSDIENER
Do setzet ech ane ewil, bis si chämme.
MÜEDER VRENI
Häär…! Sin denn alli verbrännt worde, wu si als Hax do anegfiehrt hai?!
GRICHTSDIENER
Still! Si chämme!
DIE RICHTER *treten ein.* LANDSKNECHTE *postieren sich an den Türen.*

MÜEDER VRENI
(Flehentlich zu den RICHTERN*)* Ihr Hääre! Haiget doch Erbarme mit mim Ching!
VORSITZENDER VOM GRICHT
(Zum Gerichtsdiener, schroff) Was will die Fräu do?!
MÜEDER VRENI
Ihr hääre, lüeget, i ha nieme meh ass mi Ching!
VORSITZENDER, *im Befehlston*
Wer het die Frau do ine gloh?!...
Alle sehen sich schweigend an.
VORSITZENDER
Fiehret si züem Saal üss, an bewachet si, bis d'Verhandlig umme isch.
MÜEDER VRENI, *bleich, zitternd*
Ihr Hääre!...
Sie wirft sich vor dem VORSITZENDEN *nieder. Der* VORSITZENDE *entfernt sich.* LANDSKNECHTE *fassen sie und führen sie fort. Die Flügeltüren öffnen sich.* VOLK *strömt ein und füllt die Bänke. Die* RICHTER *setzen sich an die Richtertische.*
DIE 6 MALEFIZRICHTER. — DER VORSITZENDE. — DER ANKLÄGER. — DER VERTEIDIGER. — ZUHÖRER.
VORSITZENDER
Richter vom Malefizgricht, dr schwäret vor em allmachtige Gott vo dr Wohret in Grachtigkeit z'richte, Racht widerfahre z'loh, d'beesi Tat z'strofe!
DIE RICHTER, *die rechte Hand in die Höhe haltend*
Mr schwäre!!
VORSITZENDER
Richter vom Malefizgricht, wu dr gschwore hait vor em allmächtige Gott, i forder ech üf Urtel z'sprache iber Anna Balthasar vo Willer.
Zwei LANDSKNECHTE *bringen* ANNELE. ANNELE *ist von der Haft im feuchten Gefängnis bleich, halb im Wahnsinn. Die Kleider*

hängen zerfetzt an ihr. Sie lacht stossweise vor sich hin. Geflüster unter den Zuhörern.

VORSITZENDER

Anna Balthasar vo Willer! Dü bisch aaklagt, ass de di im täusigmol vermaledäite Täifel verschribe sällsch ha! Uef si Gheiss hesch allerhand beesi Sache de lit üs dim Dorf agrichte. Uef si Gheiss hesch Gott verlaignet un bisch üf de wieschte, unzichtige Haxetanz am Fuchsbarg z'Fillere gsi. Mir Malefizrichter vo Altchilch tien di üffordere, d'Wohret driber z'sage!

ANNELE, *in verzückung*

Das liecht! Das vile, vile Liecht! Gott im himmel! Ei Chlanz!... Millione Angel um en ume!...

AKLÄGER

Do heret der's scho, wie dr bees Geischt üs ere red, für eim z'verwirle.

VORSITZENDER

(Zu Annele) Dü sällsch jezt do üf äiseri Froge Antwort gah! Dü gschtehsch, ass de di im beese Geischt verschribe hesch, un ass de z'Fillere am Fuchsbarg üf'm Haxetanz gsi bisch.

ANNELE

Sibe Richter sitze z'Gricht... d'Johre läufe... d'Johre gehn... Sibe Totechäpf füle im Bode!...

VORSITZENDER

De sällsch räde was me di frogt!...

ANNELE

I bi jo numme e arm Willerer Maidle... Jetz wait dr mr wehtüe... mit äiere rüche Hang! *(Aufschreiend)* Müess das färchterlig si im Grab!... In dr Fichtigkeit dert nide!... Nit emol das!... Bim lebandige Lib verbränne!

VORSITZENDER

Wenn isch dr bees Geischt züe dr chu? Antwort jetz!

ANNELE

An's Faischterle isch er chu… säigsch nit so wild, du liebe Büeb… wenn e Schibe verhäit… was meinsch! *(Lacht auf)* Säigsch doch nit so wild!… — e Nägele hesch mr vom Faischterbratt gschtohle!… O dü Gschäide dü!… De hesch numme wälle ha, ass i üse säll chu geh handle mit dr!… I ha sall wohl gwisst!

VORSITZENDER
dü bisch als an d'Haxetanz!

ANNELE, *plötzlich geistesabwesend*
I ha kä Rüehj meh gha, Dag un Nacht!… Briehlt het er noh mr! Gjüzgnet het er iber d'Schiredacher! d'Baim het er verschlanzt! I bi so warm glage unger em Deckbett!… Ich, scheen Annele!… I bi verwacht gsi,… wie-n-er als scheeni Sache zwislet het vo duss, wie wenn e Luft dur e Hüffe Cholerosestangel duregeht!… I ha-n-en gheert, d'ganzi Nacht! I ha grine in de Chissi in!…

VORSITZENDER
De bisch mit üf dr Fuchsbarg gfahre!

ANNELE, *auflachend*
Juchu!! Juchu!! Dur d'Nacht sin mr gritte… 's Chämme üss… üf'm Basestihl! Wie dr Wing! Juchu!… Iber d'Chilchheef… iber d'Wall, iber d'Därfer! — — z'Altepfirt hai mr tanzt um dr Galge umme! Wie dr Wing so schnall! Wie dr Wing! — — isch das nit luschtig, mi Liebschter, mi Lieber… haha! Iber d'Wall, iber d'Düelte, iber d'fäischteri Därfer ibere!… Blutt hai mr tanzt in de Fiechte in! D'Chitzle hai brielt derzüe… d'Hing hai grine… im Därfle isch derno ebber gschtorbe.

VORSITZENDER
De gschtehsch, ass de üf's Gheiss vom beese Geischt de Lit üs'm Dorf schade aagrichte hesch?!

ANNELE
Jetz chunnt er, dr Doni!… dert!… i ha doch gwisst, ass er chunnt geh mr halfe! Er isch so schtarch! Er weiss so vil! I ha's doch gwisst, as er chu müess!… Gall, wenn's scho dini Lit nit ha wai, de haltsch doch züe mr?!

VORSITZENDER

Loos, was me di frogt! Bim Peter Lütz hesch im e Ching ebbis z'leid do?...

ANNELE
So scheen isch's dert in dr Wagle glage... Glacht het's...

VORSITZENDER
De hesch's üf dr Arm gnu! Derno isch's vier Wuche glage un het grablet.

ANNELE
Das areme, areme Ching, wie's grablet het!

VORSITZENDER. *Er gibt dem* GERICHTSSCHREIBER *ein Zeichen.*
Bim Kläus Kampf bisch dur dr Stall gloffe?

ANNELE
Dr stall bi's Kampfe Kläus!... Wie güed warm... dr Churzfüedertrog dert!... Dur e Faischter e bizzi liecht... d'Chättene hai gchlinglet. 'S Vieh het gmahle.

VORSITZENDER
Dräi Chalber sin derno drüfgange!

ANNELE
Die aremi Chalble!...

VORSITZENDER
De gschtehsch ass de dr Stall verhaxt hesch?

ANNELE
Wie si demietig, chrank dert gschtange sin, die Chalble!

VORSITZENDER, *nachdenklich*
Schribet das nieder!
Nach einer Weile zum ANKLÄGER.

ANKLÄGER
I klag a vor em Gricht: Anna Balthasar vo Willer! — — Besagti Anna Balthasar bekennt d'schlachti Tat vo ihrer Ueffiehrung: e Verbindnis mit em Seelemärder, mit em in alli Ewigkeit ine verflüechte Täifel. Si gschteht, ass si e Stall vergifte het! Si het im e chleine Ching in ere Wagle üf si Gheiss e Leid do. Do derdur het's vier Wuche zwische Labe un Tod grablet. Witer bekennt si, ass si Gott un si heilig Heer verlaignet het, un in ere Nacht

z'Fillere üf em Fuchsbarg in Unzucht am Haxetanz mittanzt het. I forder d'Richter üf, wage Verbindnis mit em Täifel un wage üsgiebter Zäuberäi Urtel z'sprache: dass d'Anna Balthasar mit em Fir vom Labe züem Tod gschtroft wird!
Pause. DIE RICHTER *sitzen nachdenklich. Sie lesen in den Akten.*
ANNELE
D'Gräble vo mine Schweschterle... Nägele stehn drüf un Geronium!...
Gemurmel unter den ZUHÖRERN:
's isch hingersinnt!
ANNELE
Un kä Grab wai si mr gah! Kä Beinle vo mr blibt iberig, kä arem wiss Beinle. *(Sie blickt verzückt nach dem Fenster.)* Dort... Vatter?!... *(Sicherer)* Vatter?! Dü bisch jo vom e Bäum verschlage worde! Blüetig bisch gsi, bleich, aremsälig... si hai di brocht üf eme Dilewage... i heer en no wie-n-er polteret... Chärze!... Vatter, die zwei Chärze nabe dr üf dr Bank, die zwei flackerigi Chärze!... Wie wiss isch das Getiech iber dr,... schneewiss...
EINE STIMME
Hingersinnt isch si!
AKLÄGER
Das isch dr bees Geischt, wu üs ere red, wu eim verwirle will!
ANNELE
Vatter! Dü stehsch dert!... Chumm hilf doch dim Ching!... Lüeg, wie si mi ploge wai! Wie si mr Weh tüe wai! Im fäischtere Turm hai si mi igschpärt gha; in dane fichte Müre in! *(Flehentlich)* Vatter hilf doch dim areme Ching!
EINE STIMME
Mi Hang läget i in's Fir, ass das Maidle unschuldig isch!
ANNELE
Vatter!... Wie-n-i grine ha, wu de umchu bisch! Zwei Monet lang hani nit im Fäischtere in e Chammere ine träut...
EINE STIMME

Sehnt dr denn nit, as het jo alles im Fieber gred! 'S isch jo verwirlet!
ANNELE
O, üf'm Fuchsbarg!... Hu ! Wie si tanze dert in de Fiechte in!... d'Chitzle briele!... unghir isch's!... 's stirbt ebber!... im Moon ... d' Haxe !... dr bees Geischt... ganz rot isch er aaglegt!... Blutt tanze si dert... Wie wiss ass ihri Chärper sin, zwische de schwarze Baim!... Wie ihri Hoor flottere!... Wie Side! Ganz wie Side! *(Lacht)* Nai! Ich ha jo gwäihjt Salz gnu, ich tanz nimmi!
VORSITZENDER
Gwäihjt Salz hesch gnu?!
ANNELE
Gwäihjt Salz un Wachs...
VORSITZENDER
Isch derno dr bees Geischt nimmi chu?
ANNELE
Doch! Um's Hüs umme!...
VERTEIDIGER, *aufstehend*
So red doch!
ANNELE
Um's Hüs isch er als diche... I ha-n-en gheert in de Nacht... i bi im Bett glage... i ha 's Deckbett iber e Chopf zöge... Wie ne Sturmwing isch er in dr Nacht gsi!... Brielt het er duss! An de Dacher vo de Schäpf het er grisse im Chib!... D'Lade het er üf un züegschlage! — — Ich ha's Deckbett iber dr Chopf zoge... Er het jo kä Macht meh gha iber mi... Wie glicklig ass i gschlofe ha in dr Chammere!... Ich arm scheen Annele!
VORSITZENDER
Isch er sitter nimmi chu geh di versüeche?
ANNELE
Nimmi!
VERTEIDIGER
Wenn's dr bees Geischt mit gwäihjt Salz het chänne vertribe, isch's o nit strofbar meh!

ANNELE *blickt wieder verzückt zum Fenster auf.*
Vatter, du bisch no do?!... Chumm nimm di Ching wider üf dr Schoss!... — — Vatter, d'Pfingschtnägele bliehje in äiserem Garte!... Das Johr hai mr zwei Acker Rogge gsaihjt!... dr lieb Härget geht dur äiseri Grasgarte, Vatter! Mr heert en als güed, wie-n-er duregeht: kä Näschtle bewegt si an de Baim... Wie si still sin d'Garte!... Do un dert chracht e Zwig... d'Chuchistapfle un d'Stallfaischter lüege lebandig's Fall i... O du hesch jo di schwarz Sunntigplunger a, wu de als aagha hesch, wenn de in d'Chilche bisch!... Wurum hesch's denn a hit?... 'S isch doch Warchtig!...
DONI *drängt sich plötzlich zwischen den* LANDSKNECHTEN *hindurch in den Saal. Wie er* ANNELE *sieht, bleibt er verzweifelnd stehen, dann stürzt er in tiefster Seelenqual zu ihr hin.*
DONI
Müess i di so wider finge, Ching?!
ANNELE *schaut ihn stier an.*
Bisch dü dr Doni?!... — — Lüeg, 's isch so färchterlig do...
DONI, *in verzweiflung aufschreiend*
Hai si di so zwaggrichte, arem Gschäpf!!... Barmharzige Gott!!
ANNELE *lacht geistesabwesend vor sich hin. Sie fasst* DONI'S *Hände und streichelt sie wie ein Kind. Sie schmiegt sich an ihn. Sie streicht ihm über das Haar.*
ANNELE
Gall i brüch nit z'starbe, Liebschter?... I mächt doch no labe... Mit dir e rung labe... De hilfsch doch als alle Lit sunscht... so hilf doch mir o!...
VORSITZENDER
(laut, zu den LANDSKNECHTEN*)* Rüehj gschafft do!!
ANNELE, DONI'S *Hände haltend*
De blibsch aber jetz doch bimer!... De losch mi doch nimmi allei jetze!... O gall?!... Nie meh allei... I ha so Angscht allei... Gall de hesch doch e Harz fir mi!

Sie krampft sich an ihn. DIE LANDSKNECHTE *wollen* DONI *wegreissen.* DONI *wehrt sich.*
DONI, *in höchster Leidenschaft*
(Zu ANNELE*)* Nai, as bringt mi kein do vo dr ewag!! *(Zu den Richtern)* E arem Ching wait dr in's Grab bringe! Chännt doch ein von ech mit soneme unschuldige Harz do steh, wie as! *(Zu Annele)* I bi jo jetzt bi dr, Harz!!
ANNELE, *fiebernd*
Lüeg, wie-n-i glitte ha!… Wurum müess i o so lide!!… Sag doch, Liebschter!… Blib doch bimer… so isch's mr jo wider wohl; wenn dü numme bimer chasch si!…
Ein Trupp LANDSKNECHTE *umringt* DONI. *Er reisst sich noch einmal los.*
DONI *sich gegen den Richtertisch aufrichtend*
So schicket denn all äieri Hankerschnachte!! Schicket no meh! Dr chännet scho Meischter warde iber e währlose Mensch!… Züem lache isch äier ganzi Grichtsbarkeit!… *(Auf* ANNELE *zeigend)* lüeget doch do ane! So lüeget doch! Aeieri Gsetzer, wu dr gehnt derno, wu in äiere verstäubte Biecher in stehn… Wie do alles üsdankt isch… vo areme aremsälige Mensche gmacht… un kä Mitlide niene un kä Harz!!… Kä Mitlide!! Das isch's!! Das isch äier Grachtigkeit, Mensche!!… So chämmet doch! Bringet mi doch derzüe um! Mit im! Dr hait jo d'Gwalt derzüe! Dr bringet jo do eis um, wu besser isch, ass ich bi!… Lüeget denn, wie der's zwaggrichte hait!! Lüeget's doch do steh! Het denn kein von ech e Mitlide in dr Seel?…
DIE LANDSKNECHTE *überwältigen* DONI *und führen ihn ab.*
DONI, *sich noch einmal umwendend*
Hait dr denn äiser Härget so vergasse, Mensche?!…
ANNELE, *verzweifelt*
Gang doch nit furt vo mr, Liebschter!… Sehsch's denn nit, wie-n-i piniget un gmarteret bi?!…
VERTEIDIGER
Das Maidle isch unschuldig!

AKLÄGER
As sin alli Haxe unschuldig!
VERTEIDIGER
Mit dam Verbrache üf dr Seel tratte mr emol vor's ewige Gricht!
ANKLÄGER
Zwanzig Johr bin i jetz z'Gricht gsasse. Jedi Hax isch unschuldig, wenn si do steht! Jedi grint un setzt a! Gott will Grachtigkeit!!
E RICHTER
I mein, mr satte am Beschte in dam Fall no kei Urtel fälle, un d'stüdierti Hääre z'Strossburg driber um Rot froge.
VORSITZENDER *steht auf; nach einer Weile*
Richter vom Malefizgricht, wu dr gschwore hait vor em allmachtige Gott, i forder ech üf, Urtel z'sprache iber Anna Balthasar vo Willer.
DIE RICHTER *ziehen sich zurück. Gemurmel im Saal.*
ANNELE *verzweifelt*
O jetz!... Starbe!... Si rischte 's Holz scho!... Si bringe's Fir!... D'seiler häue mr ganz in d'Hang ine!... Jetz zinge si's a!... Nit emol kä Stickle Bei blibt iberig vo mr, kä aremsälig Stickle Bei!... Hilft mr denn gar nieme?!... Jetz...
Sie sinkt in Ohnmacht. Gemurmel unter den Zuschauern.
STIMMEN
As stirbt jo no!!... Un's isch unschuldig! ...unschuldig isch's!
DIE RICHTER *kommen zurück.* DER VORSITZENDE *verliest das Urteil.*
VORSITZENDER
«ist durch die Malefizrichter mit Urtel zu Recht erkannt, dass die Anna Balthasar zu Willeren von der Anklage ledig gesagt ist!»
Gemurmel auf den Bänken.
STIMMEN
Fräi! Unschuldig!
Der VORSITZENDE *tritt vor und sieht das ohnmächtige* ANNELE.
STIMMEN
's stirbt jo no!
VORSITZENDER

Mr sälls in's Spital bringe!... sin Agherigi duss?!... Hol si ebber!
EIN GERICHTSDIENER *entfernt sich.*
ANDERER GRICHTSDIENER
D'Müeder ligt ohmachtig d'nide im Gang.
DIE RICHTER *stellen sich um* ANNELE. *Man macht Wiederbelebungsversuche. — Gespannte Erwartung im Saal. —*
DER GERICHTSDIENER *kommt zurück, gefolgt von* DONI.
DONI, *in höchster Erregung und Zärtlichkeit auf* ANNELE *zustürzend*
Annele!...
Er sucht ANNELE *aufzurichten. Es liegt bewusstlos in seinen Armen.*
DONI *(In tiefster Not und verzweiflung zu* DEN RICHTERN*)*
Im e areme unschuldige Ching hait dr ebbis chänne z'Leid tüe!... Hait dr denn o ne Harz im Lib?!...
(In höchster Zärtlichkeit und verzweiflung zu ANNELE*)* Ching, was hesch denn?! Zeig! (ANNELE'S *Haupt in beide Hände nehmend)* Ching, chennsch mi denn nit?!... Zeig, verwach!... Sehsch, wer do isch!... Sehsch's nit?!... Liebs! Verwach doch!...
ANNELE *öffnet einen Augenblick die Augen und sieht sich verwundert um.*
ANNELE, *im Fiebertraum vor sich hinsprechend*
Wer bisch denn dü?!...
DONI
Chennsch mi denn nimm?!... Dr Doni bini!... Di Doni!!
ANNELE
Dü?!...
DONI *verzweifelnd*
Lüeg doch! Chennsch mi nit?!... ich bi's jo!...
ANNELE, *leise*
Dr Doni... du!... nai!...
Sie schliesst die Augen und sinkt wieder in Ohnmacht.
Doni, *sie rüttelnd, aufschreiend*
Annele!!

EINER DER UMSTEHENDEN
As stirbt!
DONI *schaut stier auf* ANNELE.
As stirbt!...
(An ANNELE *niederbrechend, in Verzweiflung)* Nai, as stirbt nit!...
Nai!... Cha's denn starbe, wu-n-is eso garn ha?!... Gott cha das nit züegah!... Nie! Nie!... Wu-n-i's doch so garn ha iber alles in dr Walt !...
Während man sich um ANNELE *beschäftigt, fällt der Vorhang.*

IV. AKT

Bühne wie im ersten Akt. ANNELES *Leiche aufgebahrt, von weissem Leintuch überdeckt. — Rote Rosen sind darauf hingestreut. Halbdunkel. — Draussen Gewitter. Vor dem Fenster in der Ferne das Aufzucken der Blitze. Zeitweise gedämpft, dumpfes Rollen des Donners.* MÄDCHEN, BÄUERINNEN *und* BAUERN *halten die Totenwacht. Alle, mit Ausnahme* DONI'S, *sprechen in diesem Akt gedämpft.*
DONI, *mit struppigem Haar, verstörtes Gesicht, jauchzt gell auf.*
E BÜRSFRÄU
Er isch vollstandig vom Verstang chu!
DONI
Si verbränne's! Z'Hilf denn!... Si bringe scho d'Riser!... Si wisse nit was si mache!... Si wai mr mi aremi Liebschti verbränne!
LÜWISLE
Säigsch doch riehjig, Doni!
E BÜRSFRÄU
Was macht denn 's Vreni?
LÜWISLE
As ligt no allewil im Fieber. I ha kä güede Gläube fir's.
DONI

Verruckt sin si worde alli!... Lüeget wie si plange! Mit ihre färchterlige gräusame Aeuge!... 'S Sunntigplunger hai si a!... Isch denn gar kä angeri Migligkeit meh?!...
LÜWISLE
Lüeg, Doni, säigsch doch e weni still!
DONI
Heeret der's denn nit, wie si schräie!... Si wai si Blüet! Si sin nit z'Fride angerscht !... Wie d'wildi Tierer sin si!...
LÜWISLE
Mach di doch nit chrank, Doni ! As macht em nieme nit meh.
DONI *steht auf und geht gegen das Fenster.*
Sehnt dr en nit duss?!...
LÜWISLE
Wer?
DONI, *visionär*
Ja sehnt dr en nit?!
LÜWISLE
Wer denn?!
DONI
Dert am Barg... in sim wisse Chleid!... dert !... er red züe de Lit !... Jedes Harz gschpirt en... *(verzückt)* O!... er red... so eifach... «Säiget güed gäge-nenanger! — Piniget doch enanger nit! — Halfet doch enanger!»... — — Jetz geht er furt iber d'Barge... d'Lit stehn no!... Ei Chlanz ligt üf ihre Gsichter!...sehnt dr en?!... *(Ekstatisch, schmerzlich)* O gang doch ei Dag wider dur äiseri aremi, elandi Zit!!...
Er setzt sich auf eine Bank und vergräbt das Gesicht in den Händen.
DONI, *rufend*
Lüwisle!
LÜWISLE
Was?
DONI
Lüeg, si wai mr mi Maidle verbränne!

E BÜRSFRÄU
Chinge! Was fir e Eland!
DONI
I weiss gar nit… As isch mr alsfurt, i säch e Licht vor mr!… die Wiber in ihrem schwarze Plunger… die vier Manner, wu so trürig läufe. …E Todebäum hai si üf eme Lintüech,… üf eme wisse Lintüech… so wiss, wie ne Masser, wu eim in's Harz ine häut… ass wie d'Lilie üf de Chilchheef wiss sin!… So wiss um die alti umkäiti füli Chritzer umme, wu d'Wirm drin nage tien!… Looset: heeret dr dr Dunner duss?! Isch's eim denn nit, as säig e Stundeschlag vo dr Ewigkeit! — — *(Nach einer Weile)* Alles läuft jo dure,… alles verwast jo un verfült;… un mir sin numme aremi chleini Mensche, un chänne nit, ass enanger ploge, die paar Dag, wu mr üf dr Walt sin, un chänne nit emol nit dergäge tue, ass nit alles, un mir o, abstarbe un verwase tüet! Sin mr denn nit alli Mensche an das Grosse bunge, wu mr em nit üswiche chänne: an dr Tod!… an's Abscheide!
E MAIDLE, DONI *zum Sitzen nötigend.*
Säigsch doch riehjig!… Setz di doch e weni!… Weisch gar nimmi was geschter passiert isch?
DONI
Geschter?…
LÜWISLE
Isch nit passiert geschter?
DONI
Wurum hait dr denn do inne Liechter?
LÜWISLE
Bisch nit bim e maidle gsi geschter?
DONI
Bim e Maidle?!… I weiss es nit… As isch alles so gräu do inne hit… 's Annele ?… isch si denn nit do, d'Müeder?!… Gallet aber mr chämme zamme, mir zwei! O, mir chämme zamme… Garn ha-n-is jo!… un schaffe fir's will i!… Aber I mächt doch ins ha!… un äiser Hisle ha! Do!… e Chammere mit eme Bett drin, un e

Stube, wu als in de Winternacht e güedi Wärmi wär!... Un alles miesst eim aalache, wenn mr so z'Nacht heim chäm...

E BÜR
Cha-n-er so an em ghonke si!

DONI
O ja, mir chämme jo zamme!... Das will jo äiser Härget ha!... Das will äiser Härget!

DER MAIER *und* DIE MAIERIN *treten ein.*

MAIERI *geht auf* DONI *zu*
Arem Ching, de müesch nit meine, ass dini Eltere kei Harz fir di hai, wu di sone Unglick troffe het. *(Sie weint)* Wenn de doch wisse tätsch, was i glitte ha, geschter un hit...

DONI
Müeder, wurum grinsch denn?!

MAIERI
De müesch nit meine, ass mir, dini Eltere gäge di gsi sin. I cha's jo gar nit sage, wie's mr aadoo het, wu-n-i gseh ha, wie de glitte hesch um's.

DONI
Gall de begriffsch's, wie-n-i an em hank, Müeder!... Wie numme e Mensch en ebberm hanke cha!

MAIER
Lüeg, i ha do fir's, was i chänne ha!... i bi z'Altchilch gsi... i ha aghalte fir's...

DONI
Ja, dü bisch üf Altchilch gange...

MAIERI
Wenn de wisse tätsch, wie's mr weh do het, wu-n-i ghert ha, ass es gschtorbe isch. Wenn mr ein e masser in's Harz ine gschtosse hatt, as hatt mr nit so weh tüe chänne!

DONI *steht einige Augenblicke sich besinnend.*

DONI, *in verzweiflung*
'S isch jo wohr: gschtorbe isch's!!...

Er setzt sich auf eine Bank und brütet vor sich hin. DIE MAIERIN *tritt*
an ihn heran und legt ihm die Hand auf 's Haupt.
MAIERI
Arem Ching!
DONI
Cha's denn miglig si?! — —
MAIERI
De müesch danke, as isch in sinere Rüehj jetze... Aeiser liebe Härget het's so wälle ha, ass es is verloh müess...
DONI
Tot isch's!... — — Un do sin d'Maie doch no am Faischter, wu's eso garn gha het... un as het ene doch als Wasser gah gha!... As het si doch als Schässle pflanzt gha!... As het so si Fraid gha dra... — —un as het so jung abscheide miesse! — —
LÜWISLE, *traurig*
Das areme Maidle!
DONI *nimmt die* MAIERIN *am Arm und führt sie an die Bahre.*
Lüeg, do ligt's!... Sehsch!... Si hai em weh do! Schrecklig weh!... Si hai mer's umbrocht! *(Aufschreiend)* Umbrocht hai si mer's! Isch's nit färchterlig?!... Müess es ene denne nit e Schüder im Harz gah, wenn einer von ene si Ching üf'm Schoos het?!... Cha denn einer vo-n-ene no-n-emol e riehjigi Minute ha ab soneme Verbrache?!... Cha einer e riehjigi Stung züem Abscheide ha?!... - — -— Un i han-em nit halfe chänne!... As sin z'vil gsi!... Wie si dert gschtange sin un gwarte hai drüf, fir's chänne seh lide... Ich allei gäge Alli... Gäge Täusigi !... Gäge 's ganze Lang!... — *(In verzweiflung zu der Toten)* Ching, i ha dr nit halfe chänne! I ha nit chänne! *(Er steht eine Weile grübelnd)* Isch miglig?!... Im fäischtere Grab miesst's lige... in dr Fichtigkeit... Wu's doch 's Friehjohr so garn gha het!... Un dusse tien d'Amsle pfiffe!...
Das Gewitter draussen ist heftiger geworden. Die Stube verdunkelt sich. Man sieht vor dem Fenster zeitweise das fahle Aufleuchten der Blitze. Die Geranien am Fenster bilden einen

eigentümlichen Kontrast dazu. Das Leuchten des Blitzes lässt immer das Leintuch, das über der Leiche Annele's *liegt, grell weiss aufleuchten. Sonst bleibt die Stube im Halbdunkel. Es herrscht eine Zeit lang geheimnisvolle, das Herz angreifende Stille.*
Finnele *und ihr Schwesterchen* Marikele *öffnen vorsichtig die Türe der Kammer. Sie bleiben schüchtern an der Schwelle stehen.*
Marikele
I träu nit…
Finnele
As isch so fäischter do…
Lüwisle *nähert sich der Türe.*
Lüwisle
Chämmet numme ine, Ching! As tüet ech nit, 's areme Annele. As isch doch allewil so güed gsi mit ech!
Sie nimmt die Kinder *bei der Hand und führt sie an die Bahre.* Die Kinder *stehen schweigend und weinen. Fahler Blitzstrahl. Alle sind überwältigt von der Stille, die in der Kammer herrscht, von der Majestät des Todes. Heftiger Donnerschlag.*
Lüwisle
Chinge, isch das aber e Watter!
Doni
In da nass chalt Bode wai si di ineläge, Maidle?!… As säll denn jetz ein dr Müet derzüe ha, fir züe dr z'chu,… wu de so rein doligsch! *(Zu den Anwesenden)* Dir hait mer's jo umbroch! Dir! I chlag ech a, Alli, vor äiserm liebe Härget!… Alli!… Kä Mitlide isch in äierem Harz!… Dir hait beesi Sache erdankt: Haxeräi!… Vom beese Geischt bsasse si!… Alli sind dr bsasse, Alli, vom e beese, beese Geischt,… ass si d'Sunne verfäischtere mächt!… Dr hait beesi Werter gfunge: Racht!… Grachtigkeit vor Gott!… Dur alli Chilchheef geht e Schrei vo äierer Grachtigkeit!… Dir tient täusig un wider täusig gschäidi Sache üsdanke, un wisset doch nit racht, was dr wait, un sehnt in allem Find äierem Gläube, Find vo Gott!… Un dr wisset nit, ass dr Gott verlore hait! Wie meh ass dr en gsüecht hait, wie meh ass dr en üf dr Zunge gha hait,

deschto meh hait dr en üs em Harz verlore!... Isch's denn nit Gott gsi, wu gred het in mr, ass i's so garn gha ha, so iber alles garn!... Isch's denn nit Gott gsi, wu in im gsi isch, ass es so an mir ghonke ich, ass es si so gfrait het an jedem Maie üf'm Faischterbratt, an jedere Stung, wu d'Sunne gschine het!... Gott, wu schwär in allem labt, wu um is isch, ass alles wie-n-e gross Gheimniss isch: in jedem Hurscht, wu tribt, in jeder Wolke, wu zieht, in jedem Wing, wu iber d'Acker geht!... Ich's denn nit Gott, das wu in is rieft züe allem, wu gross isch un scheen isch?!... — O wenn me so dr Luft heert z'Nacht dur d'Baim geh, hinger de Schäpf in de Grasgarte... Wenn dr Sturmwing brielt im Wall ass wie ne wild Tier,... Wenn d'Blitz iber d'Barge käie... Isch das nit scheen?!... Isch das nit ebbis wu eim güed macht?!... — — dir aber hait en verlore: Gott !... dr fiehret äier Pflüeg iber's Fall, un heeret d'Stimm nit, wu um ech red, un in ech red, un hanket so an Richtum un an allem wu chlitzeret, Chinge! Un marteret ein dr anger un ploget en!... un Gott red doch üs allem, wu scheen isch, so gross in äiser Harz ine!... I ha als dankt: e Gläube!... Fir alli Mensche: Güed si gäge-n-enanger!... enanger halfe!... das isch's, was i allewil dankt ha!... Das isch's, wu mi Harz dra ghonke isch! Wie han i glachznet derno, ass emol e Zit chäm, wu mr doch Mensche wäre, Mensche!!... O, si so alli vor ebbis niederwarfe, wu gross isch un scheen isch, un besser warde, un mitlidiger!... Wie hani gläubt gha!... un was hani gfunge: Eland !... D'ganzi Walt versinkt im Eland! In e Määr vo rachsucht un Verbäuscht un Hass bis in alli Ewigkeit ine!... Un kei Hoffnig isch, ass es angerscht chäm!...

(Nach einer Weile versunkenseins, beruhigt, visionär:)
Dü bisch jo doch mi jetze, Maidle!... Jetz het nieme kä racht meh iber di! Nieme! Kei papierig eland Gsetz vo de Mensche! Iber aller Niedertracht vo dr Walt bisch mi! *(Er steht einige Augenblicke versunken.)* De plangsch jo üf mi, arem Harz!... Wil i di bi!... Ganz di!... Wil i di gsi bi, allewil, vo alle Zite noh... Wil i di bi in alli Ewigkeit ine... — — so ganz hai mr zammeghert allewil,

ass eis fir's angere het miesse üf die Arde chu! Fir ass mr alles lide un alli Fraid enanger hatte chänne trage halfe. Fir ass nit eis allei hatt miesse in dare chalte Walt in steh un ohne Liecht un ohne Liebi verchimmere... so ganz tien mr enanger aaghere! —
— Un jetz sättsch so-n-allei si... standig riefsch jo noh mr!... Täusigfach heer i di Stimm... dur alli Müre dure... dur alli Wall dure... so riefsch mr züe dr... Harz... in e labandigsi iber allem Eland... in dr Tod... das isch's, was i ertraimt ha allewil: zammesi mit dr!... Do si bi dr in dam grosse Labe, wu in alle Walte in tribt,... Wu an alle Spitz vo de Grashalme zittere tüet... do si... mit dir... in alli Ewigkeit ine... — Wu eim kei Mensch üsenangerrisse cha un kei Gsetz un nit!... Un fräi si!... So... In alli Ewigkeit!...
(Er öffnet das Fenster. — Blitze fallen.) Wie d'Blitz käie!... Wie färchterlig scheen ass das isch!... *(visionär, beruhigt, den Blick in das Flammen der Blitze gerichtet:)* Aeiser Haimet !... Ching, das isch äiser Haimet! — —

ENDE

Translator's Acknowledgements

I first of all thank my mother, Hortense Hueber (1923-1970) who brought me regularly in contact, from childhood, with the poetry of Nathan Katz - at the rhythm of one poem a week; and my father, Jules-Xavier Halbwachs (1900-1961) who was instrumental in the new 1958 production of "Annele Balthasar" and who made me meet two or three times the poet between the ages of 11 and 13; I am grateful to Gérard Pfister of Editions Arfuyen for letting me reprint the Alemannic version of "Annele" in the present book; and to Jean-Louis Spieser for his wonderfully dedicated work with Nathan Katz' archive and for letting me use the rare pictures of a youthful Nathan which he discovered; also to Richard Stern, for his sympathetic reading and his insights about Anabaptism; to my dear friend Gunnar Heinsohn, who read my translation before taking his leave and made me regret not having turned to "Annele" decades ago; my special, heartfelt thanks go to my dear friend Heli Ihlefeld who, as a poet, a journalist and a feminist grasped so quickly the significance and universality of Katz' dramatic poem and gave me, a Frenchwoman, her precious editorial help for the German version. So did Hermann, my husband, whom I thank from the bottom of my heart for his passionate interest.